Annett Klingner

111 Orte
in Dubai,
die man gesehen
haben muss

emons:

Bibliographische Informationen der Deutschen Nationalbibliothek
Die Deutsche Nationalbibliothek verzeichnet diese Publikation
in der Deutschen Nationalbibliografie; detaillierte bibliografische
Daten sind im Internet über http://dnb.d-nb.e abrufbar.

© Emons Verlag GmbH
Alle Rechte vorbehalten
© Fotografien: Annett Klingner, außer: Ort 1, 52, 70, 100, 101: Pascal Klunder,
Ort 2: Courtesy of Art Jameel (Rory Gardiner); Ort 9: Al Thuraya Astronomy
Centre; Ort 11: shutterstock.com/Benny Marty; Ort 13: Al-Futtaim Group;
Ort 19: Black Tap; Ort 24: www.pixabay.com; Ort 27: Sharaf Group;
Ort 28: Cinema Akil; Ort 41: Melanie Beese; Ort 48: Dubai Tourism;
Ort 52: shutterstock.com/Sarath maroli; Ort 54: Courtesy of Art Jameel
(Mohamed Somji); Ort 55: Camel Farm; Ort 61: La Perle;
Ort 59: Kushti: www.imgur.com (RrgFY); Ort 67, 80: Mama Zonia
und Pier 7: Mama Zonia; Ort 76, 77: Pixabay (laddhaashish20030); Ort 78:
Dubai Marriott Harbour Hotel & Suites; Ort 81: Melià Desert Palm Dubai;
Ort 90: Pixabay (Metropolitaneando); Ort 91: Scoopi; Ort 93: Melanie Beck;
Ort 96: Sky 2.0; Ort 110: X Line Dubai
© Covermotiv: shutterstock.com/LongJon
Layout: Eva Kraskes, nach einem Konzept
von Lübbeke | Naumann | Thoben
Kartografie: altancicek.design, www.altancicek.de
Kartenbasisinformationen aus Openstreetmap,
© OpenStreetMap-Mitwirkende, ODbL
Druck und Bindung: CPI – Clausen & Bosse, Leck
Printed in Germany 2019
ISBN 978-3-7408-0647-7
Originalausgabe

Unser Newsletter informiert Sie
regelmäßig über Neues von emons:
Kostenlos bestellen unter
www.emons-verlag.de

Vorwort

Wo steht der höchste Wolkenkratzer, das luxuriöseste Hotel, die größte Mall? Welchen Ort erkennt man aus dem Weltall an seiner Palmen-Form? Und wo steht eine Skihalle in der Wüste? Die Antwort auf all diese Fragen lautet: in Dubai. Dabei war die Stadt bis Mitte des vergangenen Jahrhunderts ein unbedeutendes Nest. Es gab kaum befestigte Straßen, Schulen und Krankenhäuser, an vielen Stellen nicht einmal fließendes Wasser, Strom oder Telefon. Doch mit der Erdölförderung ab Mitte der 60er kam der große Reichtum. Lehmhütten wichen Wolkenkratzern, kleine Souks wurden zu klimatisierten Shoppingmalls, Beduinen zu Geschäftsmännern.

Heute ist Dubai eine 3,2-Millionen-Metropole und die kosmopolitischste Stadt überhaupt. Neun von zehn Einwohnern wurden im Ausland geboren. Sie stammen aus 200 Ländern und leben respektvoll miteinander. Futuristisches Design und verschwenderische Wasserparks, aber auch ein pulsierendes Nachtleben machen das ehemalige Wüstendorf zu einem heiß begehrten Hotspot für Investoren, Promis, Glückssucher und Urlauber. Hier leben Manager, die mit einem McLaren in die Wüste fahren, um bei Sonnenuntergang Kamele zu beobachten. Im Edel-Café wird zum Cappuccino ein vergoldeter Marshmallow serviert. Ingenieure bauen den höchsten Turm, den größten Solarpark und den größten Flughafen der Welt.

Gleichzeitig gibt es uralte Traditionen, die dem Modernen bis heute nicht weichen. Niemand empfindet das als Widerspruch. Die Faszination Dubais unterscheidet sich grundlegend vom Charme langsam gewachsener Metropolen. Hier gibt es kein Nebeneinander verschiedener Epochen, entdeckt man keine vergessenen Plätze oder ewig gehüteten Geheimnisse. Dafür beeindrucken Glitzer, Glamour und Rekorde. Und betörende Architektur, für die in der westlichen Welt der Platz, das Geld und die Vision fehlen.

Mittendrin gibt es sie aber doch: berührende Orte mit Geschichte, unerwartete Perspektiven und versteckte Schätze. Viel Vergnügen beim Entdecken!

111 Orte

1 Die Abra-Überfahrt

Die traditionellen und supergünstigen Wassertaxen

Wer an Dubai denkt, hat ikonische Gebäude, schrille Attraktionen und immer neue Superlative im Kopf. Doch rund um den Creek, einen Meeresarm des Persischen Golfes, der durch den historischen Stadtkern fließt, gibt es auch ein anderes, ursprünglicheres Flair. Hier, in Bur Dubai, hat im 19. Jahrhundert alles angefangen: der Fischfang, die Perlenfischerei, das Wachstum der Stadt. Damals gab es aber noch keine Brücken. Deshalb nutzten die Menschen Holzboote, die Abras. Das Wort leitet sich vom arabischen Verb »abara« ab und bedeutet »wandern«. Tatsächlich fuhren die Abras immer hin und her. Und das tun sie noch heute. Inzwischen sind sie allerdings überdacht und haben einen Motor. Auf zwei Bänken finden insgesamt 20 Menschen Platz, sie alle haben unterwegs einen freien Blick aufs Wasser. Feste Fahrzeiten gibt es nicht, der Fährmann wartet, bis genügend Plätze besetzt sind. Das geht schnell, in der Regel wartet man zwei bis drei Minuten. Dann wird das Fahrgeld eingesammelt. Es beträgt einen einzigen Dirham (rund 25 Cent), den man als Münze parat haben sollte.

Die Fahrt von der Bur Dubai Abra Station schräg hinüber zum Old Souk in Deira dauert gute fünf Minuten. Unterwegs hat man einen tollen Blick auf den Al Fahidi District mit seinen Barjeels (Windtürmen) und der großen Jumeirah-Moschee, aber auch auf die imposanten Deira Twin Towers auf der anderen Seite, die als Rolex-Türme bekannt sind. Die Fahrt ist zu jeder Tageszeit empfehlenswert und ein lohnendes Erlebnis. Am allerschönsten wirkt der Creek jedoch bei Sonnenuntergang. Dann ebbt das geschäftige Treiben ab und es wird etwas ruhiger. Wenn die letzten rötlichen Strahlen auf dem Wasser tanzen und die Umgebung in ein sanftes Licht tauchen, wird die Atmosphäre so romantisch, dass man sich vielleicht überlegt, gleich noch die Rücktour anzuhängen. Warum eigentlich nicht? Einfach aussteigen, in eine neue Abra setzen, weiter geht's.

Adresse Route 1) von Deira Old Souk Abra Station nach Bur Dubai Abra Station in Bur Dubai und retour; 2) von Sabhkha Abra Station zur Dubai Old Souk Abra Station | **ÖPNV** 1) Metro (grün) bis Al Ghubaiba, dann fünf Minuten Fußweg; 2) Metro (grün) bis Baniyas Square, dann 300 Meter Fußweg | **Öffnungszeiten** Abras fahren 1) 6–24 Uhr, 2) rund um die Uhr | **Tipp** Der Naif Market auf der Deira Street ist ein überdachter Souk, in dem an 265 Ständen günstige Kleidung, Schmuck, Kosmetik, Haushaltswaren und Streetfood angeboten wird (täglich 8.30–1 Uhr). Feilschen Sie ruhig!

2 Al Jaddaf

Ein Vertikalgarten mit mehr als 80.000 Pflanzen

Früher war Al Jaddaf, was wörtlich »die Ruderer« bedeutet, das Zentrum des Bootsbaus von Dubai. Seit Ende der 1970er Jahre entstanden hier die traditionellen Dhows, die für das Emirat immer sehr wichtig waren – als Transportmittel und auch als Symbol. Die ausschließlich aus Holz gebauten Boote sind ein wichtiger Teil der Geschichte, des Lebens, des historischen Erbes und der Nähe zum Meer. Sie verbanden das Land mit Ostafrika und dem indischen Subkontinent, transportierten Datteln, Holz, Fisch und andere Waren. Doch die Zeiten, die Transportwege und auch die Materialien ändern sich. Zwar sind die Nachfolger der Dhows noch an ihrer traditionellen Form erkennbar. Doch statt Segeln haben sie heute Motoren und sind aus modernen Materialien gebaut. Das machte die alten Werften überflüssig.

In den letzten Jahren hat sich das Viertel mit der für Dubai typischen rasanten Geschwindigkeit grundlegend gewandelt. Der Creek wurde so ausgebaut, dass er nun eine großzügige Waterfront hat und zwei künstliche Inseln umfließt. Dort stehen Luxushotels und exklusive Wohnanlagen, aber auch das Jameel Arts Centre samt Outdoor-Skulpturenpark. Für die Dubai Wharf wurde ein riesiger Vertikalgarten entworfen. Er ist 210 Meter lang, sechs Meter hoch und natürlich ein Rekordhalter, in den gesamten Vereinigten Arabischen Emiraten gibt es keinen größeren. An zwei Wänden stecken mehr als 80.000 Pflanzen in textilen Pflanztaschen. Sie bilden abstrakte Motive. Die Pflege der Gewächse wäre auch in einem moderaten Klima eine immense Aufgabe. Damit sie die extremen Temperaturen im Sommer gut überstehen, wurzeln sie in einem nährstoffreichen Substrat.

Wenige hundert Meter entfernt entsteht gerade die siebenstöckige Mohammed-bin-Rashid-Bibliothek. Ihre markante Form symbolisiert ein aufgeschlagenes Buch. Nach der Fertigstellung soll der Bau mehr als viereinhalb Millionen Bücher beherbergen.

Adresse Jaddaf Waterfront | **ÖPNV** Metro (grün) bis Al Jaddaf | **Tipp** Von der Al Jaddaf Marine Station fahren zwischen 7 Uhr und Mitternacht moderne Abras über den Creek zur Dubai Festival City und zurück. Die Anlegestelle ist nur zwei Minuten Fußweg von der Metrostation Creek (grüne Linie) entfernt.

3__ Der Al Marmoom Race Track

Mit 70 Sachen über die Kamelrennbahn

Jedes Jahr finden in Al Marmoom im Südosten Dubais die längst legendären Kamelrennen statt. Gelenkt werden die Tiere von ferngesteuerten Robotern.

Kamele gehören zum wertvollsten Besitz in den Vereinigten Arabischen Staaten. Traditionell werden hier die einhöckrigen Dromedare gehalten. Ein gutes Tier kann mehrere Millionen Dollar kosten. Sie sind nationaler Stolz und ihre Rennen ein allseits beliebter Nationalsport. Normalerweise laufen Kamele rund zehn Kilometer pro Stunde, kurzzeitig können sie aber auf bis zu 70 Stundenkilometer beschleunigen. Obwohl die »Wüstenschiffe« bis zu 50 Jahre alt werden, kommen nur Jungtiere zwischen drei und acht Jahren für Wettkämpfe in Frage. Sie führen ein Luxusleben, werden mit viel Aufwand gezüchtet, gepflegt, trainiert und frisiert. Früher wurden sie oft von Kinderjockeys geritten. Seit 2004 ist das verboten, nun kommen kleine Roboter zum Einsatz. Diese heißen Ali und kosten bis zu 15.000 Dollar.

Die Rennsaison dauert von November bis April, im Sommer ist es für alle Beteiligten zu heiß. Die Läufe starten früh um 7 und nachmittags um 14 Uhr. Vor dem Rennen halten die Pfleger ihre Schützlinge neben der Bahn in Bewegung. Dann werden die Kamele an den Start gebracht. Sie sind nach Alter und Geschlecht eingeteilt und laufen unterschiedliche Distanzen. Jeweils mehrere von ihnen stehen nebeneinander in einer Box. Auf Kommando hebt sich eine Sperre, dann stürmen die Tiere im Vollgalopp los. Sie brauchen nur ein paar Minuten vom Start bis zum Ziel. Während sie auf einer Sandbahn laufen, rasen nebenher auf der Straße die SUVs mit ihren Besitzern oder Trainern. Die sind per Walkie-Talkie mit dem Roboter auf dem Kamel verbunden und treiben die Tiere durch Zurufe an. In Al Marmoom gibt es zwei Tracks – einen für kürzere und einen für längere Strecken. Beide haben eine Zuschauertribüne.

Adresse 3 BAI-Lisaili, Al Ain Road, GPS-Koordinaten: 24°58'13.4"N 55°29'02.1"E |
Anfahrt Al Ain Road stadtauswärts fahren, vorbei am Sevens Stadion, bis auf der rechten Seite Bronzekamele und eine Moschee auftauchen (Ausfahrt 37), hier rechts einbiegen |
Öffnungszeiten aktuelle Informationen über Rennen auf der Homepage: www.dubaicrc.ae/en/home | **Tipp** Vor oder nach den Rennen lohnt der Besuch im Heritage Village. Es bietet einen Einblick in viele Traditionen und lokales Handwerk.

4 _ Die Almhütte am Skihang
Nachts rieselt es frischen Schnee

Manche Dinge auf der Erde sind aus naheliegenden Gründen unmöglich. Zum Beispiel Skilanglauf oder Schneeballschlachten in der Wüste. Doch Dubai hat dieses »Problem« auf seine Weise gelöst und den weltgrößten Indoor-Snowpark gebaut. Er ist so groß wie drei Fußballfelder und befindet sich in der Mall of the Emirates. Was von außen wie eine riesige silberne Luftmatratze auf dem Dach wirkt, ist der obere Teil eines 85 Meter hohen Skihanges. Im Einkaufszentrum führt der Weg zum Winter vorbei an Geschäften mit Bademode, Flipflops, Shorts und Sonnencreme. Sobald man eine schwere Glastür zu »Ski Dubai« passiert hat, kann man Skijacken, -hosen und -schuhe in Rot-Blau ausleihen. Es gibt auch Mäntel, die die Abayas und Kanduras bedecken.

Drinnen sind minus zwei Grad, nachts wird die Halle auf minus sieben Grad runtergekühlt. Dann berieseln 21 Schneemaschinen die Piste mit neuem weiß glitzernden Puder. Tagsüber schneit es nicht. Am Eingang kann man Skikleidung leihen. Mit einem Vierer-Sessellift geht es dann nach oben zur Bergstation. Von dort sind ein paar schöne Schwünge drin. Die 400 Meter lange Abfahrt dauert vielleicht eine halbe Minute, der Höhenunterschied beträgt 60 Meter. Wer regelmäßig in die Berge zum Wintersport fährt, mag darüber lächeln. Aber viele Emirati oder Besucher aus warmen Ländern bekommen hier das erste Mal eine Ahnung, wie sich Winter, Berge und Schnee anfühlen. Oder wie es in einer Almhütte zugeht. An der Mittelstation steht eine, ihr Name »Avalanche« (Lawine) ist ganz ohne Ironie gewählt. Hier gibt es Sandwiches und alkoholfreien Glühwein. Auf der Terrasse stehen Heizpilze, damit den Besuchern in der Halle nicht kalt wird.

Wer keine Lust zum Skifahren hat, kann in einen großen gepolsterten Kunststoffball klettern und sich einen Abhang runterrollen lassen. Oder an einer Zip-Line die Halle hinunterrauschen. Sogar eine Schar Pinguine lebt hier.

Adresse Ski Dubai, Mall of the Emirates, Sheikh Zayed Rd | **ÖPNV** Metro (rot) bis Mall of the Emirates | **Öffnungszeiten** So–Do 10–24 Uhr, Fr–Sa 9–24 Uhr; Marsch der Pinguine: täglich 14, 16, 18, 20 Uhr | **Tipp** Das Spektakel lässt sich auch von außen betrachten, zum Beispiel durch die großen Scheiben der Costa-Kaffeebar in der ersten Etage. Noch exklusiver ginge es aus einer der »Chalet« genannten Suiten im angrenzenden Hotel Kempinski. Deren Fenster öffnen sich direkt in die künstliche Alpenlandschaft.

5 Al Murar

Duft von frisch gebackenem Brot und Safran-Tee

An vielen Stellen wirkt Dubai so neu und perfekt, dass man fast aus den Augen verliert, wie die Menschen hier vor dem Bauboom lebten – und es noch tun. Das kleine Viertel Al Murar im Osten des historischen Stadtteils Deira gibt einen Eindruck davon. Es wird im Norden von der Deira Corniche, im Süden von Naif, im Westen von Ayil Nasir und im Osten von Al Baraha begrenzt. Hier stehen ältere, schlichte Wohngebäude mit höchstens sechs Etagen. Sie werden vor allem von indischen, pakistanischen, bengalischen, afghanischen, iranischen und nordafrikanischen Expats bewohnt. Die meisten von ihnen arbeiten auf dem Bau und haben lange Tage. Doch sie sind stolz, dass sie Jobs in der Stadt ergattert haben, und schicken den größten Teil ihres Lohnes nach Hause zu ihren Familien.

Die Straßen sind schmal und sehr belebt. Es gibt kleine Bäckereien, aus denen es herrlich duftet und in denen den ganzen Tag lang frische Brote gebacken werden – immer so viel, wie gerade gefragt sind. Man kann Schawarma, Falafel und iranische Süßigkeiten essen und danach einen aromatisch-süßen Safran-Tee probieren. Der wird in großen Töpfen mit Milch und viel Zucker gekocht und kostet oft nur einen Dirham. Kleine Geschäfte bieten Kleidung, Schmuck, Smartphone-Accessoires und Repliken. Auch wenn manche von ihnen ziemlich abenteuerlich aussehen, lassen sich zuweilen gute Schnäppchen machen. Einige Läden haben bis Mitternacht geöffnet, andere rund um die Uhr. Tagsüber ist es relativ ruhig, abends pulsiert das Leben dafür umso mehr. Händler verschiedenster Nationen und Religionen existieren in Al Murar ausgesprochen freundlich und harmonisch nebeneinander.

An den Straßenecken stehen Transportkarren, auf die Mobilfunknummern geklebt sind. Ihre Besitzer warten auf Aufträge, plauschen in der Zwischenzeit mit Bekannten, essen ein scharfes Curry oder machen ein Nickerchen. Bis jemand anruft und etwas zu transportieren hat. Dann eilen sie los, um den Job schnell zu erledigen.

Adresse Viertel zwischen Al Khaleej Rd (D 92), der 27th St (D 89), der Naif St (D 82) und der Omar Bin Al Khattab St (D 88) | **ÖPNV** Metro (grün) bis Palm Deira | **Tipp** Der überdachte Traditional Souk in Al Murar ist zwar viel kleiner als die berühmten Souks an der Abra Station oder der neue Jumeirah Madinat, aber dafür nicht so voll (29a St / 12b St).

6 Al Nassma

Die Kamelschokoladenmanufaktur

Manche Dinge können nur an einem ganz bestimmten Ort entstehen. Weil dort im perfekten Moment Menschen und Möglichkeiten aufeinandertreffen, die man für etwas Einzigartiges braucht – zum Beispiel für exzellente Kamelschokolade. Der Deutsche Martin van Almsick hatte die Idee dazu, als er einen Bericht über das Kamelmelken sah. Mit einem österreichischen Chocolatier entwickelte er den Prototyp eines Schoko-Kamels und fuhr nach Dubai. Passenderweise wurde dort gerade nicht nur eine Kamelfarm gegründet, sondern auch ein geeignetes Produkt gesucht, das man aus der Milch herstellen konnte. Van Almsick zog mit seiner ganzen Familie an den Golf und machte sich an die Arbeit. Vier Jahre dauerte es, bis die optimalen Kakaobohnen gefunden waren, die Konsistenz der Schokoladenmasse passte, das Design stimmte, alle Genehmigungen eingeholt und das Team zusammengestellt war. Dann endlich ging die Schokolade unter dem Namen Al Nassma (das ist der Seewind, der die Kühle des Ozeans in die Wüste trägt) in Produktion. Inzwischen wird die zartschmelzende Köstlichkeit mit der dezenten Salznote weltweit geschätzt und ist in Luxushotels und -kaufhäusern sowie an Flughäfen erhältlich.

Wer bei der Herstellung zuschauen möchte, kann direkt zu der sympathischen Manufaktur kommen. Von der ersten Etage aus blickt man in die kleine Halle hinunter, in der es kein Fließband gibt. Ein kleines Team erledigt alle Arbeitsschritte nach tradierter Handwerkskunst liebevoll per Hand: vom Conchieren über das Einfüllen der Masse in die Formen und das großzügige Bestreuen mit Nüssen oder Pistazien bis zum Verpacken der zarten Schoko-Kamele und Pralinen. Die Besucher können an Kakaobohnen und aromatischer Madagaskar-Vanille schnuppern. Sie sehen auch goldgelben Akazienhonig. Dieser gibt der Schokolade einen viel aromatischeren Geschmack als Zucker. Und natürlich dürfen sie auch probieren.

Adresse Warehouse N° 1, Light Industrial Unit, Industrial Area, GPS-Koordinaten 25°08'02.7"N 55°23'08.9"E | **Anfahrt** mit Mietauto oder Taxi über Al Ain Road/E66, Ausfahrt 14 | **Öffnungszeiten** vom Factory Shop kann man bei der Produktion zuschauen, Mo–Do 9–17 Uhr; bitte vorab unter office@al-nassma.com anmelden | **Tipp** Im nahe gelegenen Dragon Markt gibt es auf fast 150.000 Quadratmetern fast 4.000 asiatische Geschäfte. Dort wird einfach alles verkauft (Al Awir Road, erreichbar über Sheikh Mohammad Bin Zayed Road, Abfahrt Interchange 5; So–Mi 10–22 Uhr, Do–Sa 10–24 Uhr geöffnet).

7__Al Satwa

Ein buntes, sympathisches und günstiges Viertel

Eines der ältesten und quirligsten Gebiete liegt südwestlich von Dubais Altstadt. Früher war hier der äußerste Stadtrand, an dem viele einheimische Familien in ebenerdigen Häusern lebten. Als die umliegenden Viertel entstanden, rückte Al Satwa immer mehr ins Zentrum. Die Einwohnerstruktur änderte sich, nun sorgten vor allem Expats für eine sehr lebendige Atmosphäre. Rund um die 2nd December Street (die frühere Al Dhiyafa Road) haben sich überwiegend iranische, pakistanische sowie indische Geschäfte und Restaurants etabliert. Eine Straße zu überqueren kommt einem manchmal so vor, als würde man auch das Land wechseln. Doch auch in diesem Viertel fällt angenehm auf, wie freundlich und entspannt unterschiedliche Nationen und Kulturen miteinander leben.

Das Preisgefüge ist deutlich niedriger als im Rest Dubais. Hier kann man schon für wenige Dirham gut essen oder in den vielen kleinen Geschäften Schnäppchen ergattern. Aus einigen Fenstern duftet es herrlich nach Lavash Flat Bread. Das dünne iranische Brot wird auf Kieselsteinen gebacken und entweder als Fladen verkauft oder vorher mit Käse, Minze und Zitrone gefüllt und gerollt, wie in Al Shamis Iranian Bakery (Al Satwa Road/Ecke 21st Street). Einheimische und Expats empfehlen enthusiastisch das Ravi. Das nordindisch-pakistanische Restaurant (2nd December Street) sieht unprätentiös aus, ist aber immer voll. Die günstigen Paratha, Kebabs und Peshawari sind köstlich. Nur das Brain Fry (Gehirnragout) kostet Überwindung. Viele Asiaten lieben es.

In Al Satwa gibt es Klamottenläden, in denen man für wenige Münzen T-Shirts, Sneaker und Sonnenbrillen findet. Oder hervorragende Stoffgeschäfte und Schneider, vor allem rund um die Al Satwa und 17B Street. Am besten zeigt man anhand eines mitgebrachten Kleidungsstücks oder Fotos, was man gern hätte. Wer einen Knopf verloren hat, ein Band, eine Borte oder eine Öse braucht, ist bei Nura Alam in der Satwa Clinic Road an der Top-Adresse.

Adresse 2nd December Street und umliegende Straßen | **ÖPNV** Metro (rot) bis World Trade Center, dann 15 Minuten Fußweg oder Taxi | **Tipp** Die Stahl-Moschee ist sicher das ungewöhnlichste Gebetshaus in Dubai. Sie verdankt ihren Namen dem Material, aus dem sie gebaut wurde. Der Bau war eigentlich als vorübergehende Ersatzlösung für die Satwa Grand Mosque gedacht, als diese zeitweise wegen Renovierungsarbeiten schloss. Doch er wurde so populär, dass er noch heute in Betrieb ist (244 Al Satwa Rd).

8 Die Alserkal Avenue

Mehr als ein Kunstquartier im Industriegebiet

Die Architektur in Dubai macht in der Regel durch Superlative auf sich aufmerksam. Dass auch eine bescheidene Bauweise mega-erfolgreich sein kann, beweist ein besonderes Kunstviertel. Noch im Jahr 2007 war Al Quoz ein simples Industriegebiet, in dem es wenig mehr als Lagerhäuser und Kleinunternehmen gab. Auch das Areal von Abdelmonem bin Eisa Alserkal zählte dazu. Der Investor und Kunstliebhaber hatte eine geniale Idee. Er vermietete ehemalige Autowerkstätten und Lagerhäuser günstig an Galerien. Dies sollte der noch jungen Kunstszene Raum zur Entfaltung geben. Dann passierte, was häufig an Orten geschieht, an denen sich die Avantgarde ansiedelt. Je zahlreicher Kreative kamen, desto mehr interessierte Besucher folgten. Innerhalb weniger Jahre verselbstständigte sich die Entwicklung. An dem inzwischen nach seinem Gründer benannten Komplex ballte sich eine lebendige Kunstszene. Hippe Gäste zogen zu den trendigen Cafés und angesagten Partys.

Schon fünf Jahre nach dem Start war das Gelände zu klein. Alserkal investierte in eine massive Erweiterung. Container, die alten Lagerhäusern nachempfunden sind, wurden aufgestellt. Weitere Kreative ließen sich nieder, Concept Stores, Co-Working Spaces, sympathische Restaurants und ein Arthouse-Kino zogen ein. Eine Schokoladenmanufaktur eröffnete, ein stylisher Sneakershop, Modedesigner und ein Blumenstudio folgten. Doch das Kunstviertel brauchte noch eine Mehrzweckhalle, in der Ausstellungen, Workshops oder Performances stattfinden können. Dafür wurde Rem Koolhaas engagiert, einer der renommiertesten Architekten unserer Zeit. Er baute eine riesige ehemalige Lagerhalle sehr spannend um. Von außen wurde das Gebäude mit markantem schwarzen Spritzbeton überzogen. Der enthält kleine Spiegelscherben, die in der Sonne glitzern. Nur beim Namen des Gebäudes war die Phantasie offenbar erschöpft. Es heißt schlicht »Concrete« (Beton).

Adresse Street 8, Al Quoz | **ÖPNV** Metro (rot) bis Noor Bank, dann circa 15 Minuten Fußweg | **Tipp** Bei Nostalgia Cars werden Oldtimer von Bentley über Maserati, Hillman, Jaguar, Lamborghini bis zu Rolls-Royce oder Studebaker verkauft. Der große Showroom steht Liebhabern der Traumautos, aber auch Besuchern ohne Kaufinteresse zur Besichtigung offen (Warehouse 88 und 89, Sa–Do 10–19 Uhr).

9 Das Al Thuraya Astronomy Centre

Wo die Sterne zum Greifen nah sind

Thuraya bedeutet auf Arabisch »Stern«. In Dubai wird an vielen Stellen nach den Sternen gegriffen. Das nächtliche Funkeln am Firmament ist trotzdem kaum zu sehen. Denn die vielen Straßenlaternen, beleuchteten Wolkenkratzer, hell angestrahlten Gebäude, Plätze und Reklametafeln erzeugen eine Lichtglocke über der Stadt. Um einen ungetrübten Blick auf Mars, Saturn oder die Milchstraße zu werfen, muss man inzwischen weit in die Wüste fahren. Oder ins Al Thuraya Astronomy Centre.

Dubais erstes Planetarium liegt am östlichen Stadtrand, zehn Kilometer vom hellen Zentrum entfernt. Das nagelneue Gebäude wurde nicht zufällig mitten im öffentlichen Mushrif Park platziert. Interessierte sollen jederzeit hereinkommen können, ohne Schwellenangst.

Highlight des Planetariums ist das große Teleskop, das zu den besten der Region gehört. Es kann für direkte Observationen genutzt werden, fotografiert seine Beobachtungen aber auch und überträgt sie bei Bedarf auf Monitore und große Leinwände. Auf diese Weise können viele Besucher gleichzeitig bei spektakulären Himmelsereignissen zuschauen. Es gibt ein Astro-Theater mit 100 Plätzen, in dem regelmäßige Shows, Präsentationen und Vorträge stattfinden. Besucher lernen zum Beispiel, welche wichtigen Informationen der Nachthimmel den Beduinen früher gab. Oder wie man ohne Smartphone in der Wüste den Weg findet. Wer gern optimale Fotos vom nächtlichen Firmament machen würde, kommt zur Astro-Academy. Die Aussichtsterrasse ermöglicht bei klarem Himmel sensationelle Aufnahmen. Im Lab werden mehr als 300 Meteoriten und andere Gestirne aus dem All gezeigt. Das schwerste Stück wiegt 66 Kilogramm. Eine Ausstellung präsentiert viele historische Artefakte, Bilder, Messinstrumente, Modelle von Planeten und Space-Fahrzeugen.

Adresse Al Khawaneej St | **ÖPNV** Metro (rot) bis Rashidiya, dann Bus 11A bis Mushrif, Park 1 Bus Stand | **Öffnungszeiten** täglich 10 – 22 Uhr, aktuelles Programm: www.althurayaastronomycenter.ae/#events | **Tipp** Dubais 35.000 Quadratmeter großer Hochseilgarten Aventura Park liegt ebenfalls im Mushrif Park. Strickleitern, Seilkletterelemente, Zip-Lines und Schaukeln sind in fünf Schwierigkeitsstufen unterteilt. Eine ordentliche Portion Mut braucht es für »Thriller«. Dabei balanciert man über Holzelemente, die in acht Meter Höhe aufgehängt sind. Natürlich mit Sicherheitsleine, aber dennoch eine Nervenprobe.

10__Al Ustad

Der Kebab-König im historischen Dubai

Wenn man durch die Tür des Al Ustad Special Kebab tritt, sind die Sinne plötzlich hellwach: Aus einer Voliere über dem Eingang zwitschern Kanarienvögel. Drinnen duftet es verlockend nach Gegrilltem. Zugleich schweift der Blick durch ein Restaurant, das wie ein außergewöhnliches Museum wirkt. In Regalen drängeln sich alte Telefone, Basecaps und Souvenirs, daneben hängen die Urahnen heutiger Smartphones. Die Wände sind mit Tausenden Fotos und Sammlerstücken gepflastert.

Das sympathische iranische Familienunternehmen ist mehr als ein Restaurant. Stolz präsentiert es die Geschichte Dubais. Unter den an die Wand gepinnten Schätzen ist zum Beispiel ein alter Zeitungsartikel über den verstorbenen Scheich Rashid Bin Saeed Al Maktoum, in dem der erste Herrscher Dubais den Masterplan für sein Emirat erläutert. Weitere Fotos zeigen Scheichs und Prominente mit den Gastronomen. Auf den Tischen liegen Hunderte Geldscheine aus aller Welt und witzige Nachrichten unter Glasscheiben.

Mohammed Ali Ansari stammt aus dem Süden des Iran und eröffnete 1978 in Bur Dubai ein Lokal. Seine Kebabs wurden schnell geschätzt. Doch während sich die Stadt rasant änderte und die meisten gut laufenden Restaurants expandierten oder zumindest in klimatisierte Hotels oder Shoppingmalls zogen, blieb Ansari, wo er war. Er achtete weiter auf Qualität und holte drei seiner Söhne ins Geschäft. Majeeb, der älteste, leitet es heute mit Herz und Hingabe. Mit seinem imposanten Schnauzbart und seinem charmanten Humor ist er längst selbst zur Ikone geworden. Noch immer sind die Gerichte köstlich. Jedes wird nach der Bestellung frisch auf dem Grill zubereitet. Die zarten Lamm- und Hähnchen-Joghurt-Kebabs sind ein Gedicht. Aber auch das Safran-Hähnchen, der Hummus und der Sumac-Reis schmecken vorzüglich. Dazu wird frisches Gemüse gereicht, hinterher gibt es Datteln und zur Zahnpflege einen Kaugummi.

Adresse Al Mankhool Road/Ecke 15A Street | **ÖPNV** Metro (grün) bis Al Fahidi |
Öffnungszeiten Sa–Do 12–16 und 18.30–1 Uhr, Fr 13–16 und 18.30–1 Uhr | **Tipp** Wer
nach dem Besuch im Al Ustad noch Lust auf etwas Süßes hat, geht einfach eine Tür weiter.
Im Occasions Cake Shop gibt es zahllose Torten aller Größen und Geschmacksrichtungen
(täglich 10–0 Uhr geöffnet).

11 Der Al Yaqoub Tower
Big Bens Doppelgänger

Picasso sagte einmal: »Gute Künstler kopieren, geniale Künstler stehlen.« Auch viele Architekten nahmen diese Äußerung ernst und kreierten Doppelgänger berühmter Bauwerke. So war das Chrysler Building in New York die Inspiration für die Al Kazim Towers (Business Central Towers) in Dubais Media City. Der Dubai Creek Golf & Yacht Club, der auch die 20-Dirham-Banknote ziert, erinnert stark an das Sydney Opera House, und der Turning Torso im schwedischen Malmö nahm die ausgefallene Form des Cayan Towers in Dubai vorweg. Selbst den Luxus-Hotelkomplex Atlantis The Palm gab es schon eine Dekade vorher als Atlantis Paradise Island auf den Bahamas. Und last but not least steht auch auf der Sheikh Zayed Road ein Wolkenkratzer mit einem berühmten Vorbild.

Bei der Planung des Al Yaqoub Towers hatte dessen Bauherr den Londoner Glockenturm neben dem Palace of Westminster im Kopf. Dieser wird meist als Big Ben bezeichnet, obwohl eigentlich nur die schwerste Glocke des berühmten Uhrturmes Big Ben heißt. Nach Baubeginn änderten sich die Ziele, und aus dem ursprünglich angedachten Wohngebäude wurde ein kommerziell genutzter Turm. Während der Umarbeitung der Pläne pausierte das Baugeschehen. Außerdem bekam der berühmte Uhrturm 2012 zu Ehren des diamantenen Thronjubiläums der britischen Queen einen neuen Namen: Elizabeth Tower.

Die Stadtplaner in Dubai warnten, dass die Anzeige des Zifferblattes eine Ablenkung für die Autofahrer auf der viel befahrenen Sheikh Zayed Road sei. Schließlich wurde dieses markante Detail aus den Plänen gestrichen und das Bauwerk im Jahr 2013 fertiggestellt. Mit seiner Höhe von 330 Metern übertrifft es sogar Dubais Wahrzeichen, das Burj al Arab, um neun Meter. Längst haben Dubais Architekten weitere ikonische Bauten im Blick. Aktuell ist zum Beispiel ein Nachbau des Taj Mahal geplant – nicht als Grabmal, sondern als gigantischer Hochzeitstempel.

Adresse Sheikh Zayed Road, GPS-Koordinaten 25°12′59.9″N 55°16′47.3′‹E | **ÖPNV** Metro (rot) bis Emirates Towers | **Tipp** Der zweite Wolkenkratzer rechts neben dem Al Yacoub Tower heißt Maze Tower. Denn seine Fassade ist wie ein riesiger Irrgarten gestaltet.

12 AquaFun
Der schwimmende Hindernis-Parcours

Es gibt viele Arten, in Dubai baden zu gehen. Eine der abgefahrensten, spaßigsten und sportlichsten liegt 200 Meter in der Nähe der Dubai Marina vor dem JBR-Beach im türkisblauen Wasser des Golfes. Dort gibt es eine riesige Landschaft aus aufgeblasenen Luftmatratzen, Brücken, Kletterelementen und Strukturen. Trommelwirbel, natürlich ist das nicht irgendein Wasserpark, sondern der weltgrößte. Alles andere wäre an diesem Ort auch seltsam. Insgesamt sind hier ganze 74 schwimmende Elemente miteinander verbunden. Erst aus der Vogelperspektive wird sichtbar, dass sie den Schriftzug »I love Dubai« ergeben. Am Strand bekommen alle Gäste aus Sicherheitsgründen eine Schwimmweste. Dann geht es ins seichte Wasser und voller Elan auf die sanft wogende Insel.

Das Ganze sieht – vor allem bei anderen – kinderleicht aus, birgt aber durchaus Herausforderungen. Während man die ersten Elemente noch ganz leicht erklettern kann, sind andere ziemlich steil, rutschig oder schmal. Man hangelt sich an Seitenwänden entlang, schwingt über Schaukeln und plumpst mit Sicherheit das eine oder andere Mal ins angenehm warme Wasser. Das ist zwar frustrierend, aber zugleich sehr lustig. Motiviert zieht man sich an den vielen rundherum angebrachten Griffen wieder nach oben und wagt einen neuen Versuch.

Auf dem Parcours gibt es Mitarbeiter, die nicht nur für die Sicherheit der Gäste sorgen, sondern ihnen auch Hilfestellung geben. Aber wer will sich schon die Blöße geben, ihre Hand zu ergreifen und sich daran über die Hindernisse zu hangeln. Deshalb läuft, tastet, kriecht, fällt und klettert man weiter und ist schon nach kurzer Zeit ganz schön außer Puste. Zwischendurch gibt es aber überall große luftmatratzenartige Elemente und bequeme breite Schrägen, auf denen man entspannen, sich unterhalten und den anderen zusehen kann, wie sie die Strecke meistern. Der Besuch ist kein günstiges, aber ein großes Vergnügen.

Adresse The Beach at JBR | **ÖPNV** Metro (rot) bis Damac Properties, dann 15 Minuten Fußweg oder Tram bis Jumeirah Beach Residence (JBR) | **Öffnungszeiten** im Winter täglich 9 – 17.30 Uhr, im Sommer von 10 – 19 Uhr | **Tipp** Im Hintergrund wächst Ain Dubai (»Dubai-Auge«), das größte Riesenrad der Welt. Mit 210 Metern ist es nicht nur fast doppelt so groß wie das London Eye, sondern hängt auch alle anderen Rekord-Riesenräder ab. Es steht auf der künstlichen Insel Bluewaters Island und soll gleichzeitig 1.400 Fahrgäste aufnehmen.

13 — Die Aqua-Lasershow
IMAGINE

Mindestens so aufregend wie die Dubai Fountain

Die berühmten Wasserspiele am Burj Khalifa sind zweifellos grandios und auf ihre Art einzigartig. Aber sie haben starke Konkurrenz, und das nur ein paar Kilometer entfernt in der Festival City Mall – Festival Bay. Auch dort gibt es jeden Abend kostenfreie Mega-Multimedia-Shows auf, am und mit Wasser. Doch hier tanzen nicht nur Fontänen zur Musik. Die Gäste erleben eine völlig neue Kombination an Projektionsmapping, Lasern, Musik, Pyrotechnik, Wasser und Licht.

Es fasziniert, was man alles mit Videoprojektionen, 360-Grad-Fontänen, 30 starken Lasern und einem perfekt dazu abgestimmten Surround-Sound anstellen kann. Während die Fontänen in Fahrt kommen, sich aus dem Wasser erheben, kreiseln, rotieren, sich aufbäumen und dann wieder flach zurückfallen, erscheinen in dem beleuchteten Wasserspiel plötzlich perfekt in Szene gesetzte Video-Animationen. Zwischendurch zucken farbige Laserblitze im Takt oder bilden grafische Formationen. Währenddessen geht die Video-Geschichte an der 36-stöckigen Fassade eines Hauses weiter. Mit 4.857 Quadratmetern ist dies aktuell die weltgrößte dauerhafte Video-Projektionsfläche. Eine Viertelmillion LEDs leuchten dabei zeitgleich. Der Gute-Laune-Soundtrack wechselt zügig zwischen Pop, Rock und elektronischer Musik. Ab Sonnenuntergang werden im 30-Minuten-Takt Performances gezeigt. Die IMAGINE-Shows zur vollen Stunde sind länger und aufwendiger. Die Dubai Festival City ist praktisch eine Stadt in der Stadt. Sie liegt zentral an der Uferpromenade der Festival Bay. Von dort hat man einen tollen Blick auf die Skyline, vor allem zum Sonnenuntergang. Die Besucher können gemütlich am Ufer und der Marina entlangspazieren. Die Lasershow ist von der gesamten Bay aus gut zu sehen. Mit der Dubai Festival City Mall gibt es ein riesiges Shoppingzentrum. Viele ihrer Geschäfte sind in der weit größeren Dubai Mall nicht zu finden.

Adresse Festival Bay, Crescent Drive | **ÖPNV** Metro (grün) bis Creek, dann den Creek mit dem Wassertaxi (einer Abra) überqueren | **Öffnungszeiten** 19–23 Uhr, jeweils zur vollen und halben Stunde | **Tipp** In den kühleren Monaten gibt es sonntags bis mittwochs um 19 Uhr Open-Air-Kino (Cinema on the Bay). Vor dem großen Screen sind dann 150 Plätze aufgebaut. Gezeigt werden Blockbuster – kostenlos (Festival Bay an der Dubai Festival City Mall).

14 Das Arabian Tea House
Wo ein Brunnen im Wüstensand stand

In diesem Mix aus mediterranem Flair, tropischen Pflanzen und arabischem Dekor braucht es viel Phantasie, um sich gedanklich 100 Jahre zurückzuversetzen. In den frühen 1920er Jahren hatte sich ein iranischer Perlenhändler in Bastakiya (dem heutigen Al-Fahidi-Distrikt) ein großzügiges Haus aus Lehm, Kalkstein und Muscheln mit zentralem Innenhof und Windtürmen bauen lassen. Hier wurde gelebt, gearbeitet und gefeilscht. Offenbar sehr erfolgreich, denn obwohl Wasser damals sehr knapp war, besaß das Haus einen eigenen Brunnen. Wenige Jahre später wurden in Japan Zuchtperlen hergestellt. Das Geschäft in Dubai brach zusammen, der Perlenhändler zog weg, sein Heim und die der anderen Kaufleute verfielen, viele wurden abgerissen. Ab den 1990er Jahren begann eine umfassende Restaurierung der noch vorhandenen Häuser. Und der Enkel eines Perlentauchers kaufte das Haus des Händlers.

Er war in Dubai aufgewachsen, dann aber viele Jahre geschäftlich in den USA, Europa, Süd- und Südostasien unterwegs gewesen. Während dieser Zeit hatte er die unterschiedlichen Kulturen und Essgewohnheiten kennengelernt und festgestellt, dass sich Menschen überall auf der Welt an gemütlichen Orten zum geselligen Beisammensein trafen. Sie pflegten ihre Wurzeln und Traditionen, waren stolz auf ihre Vorfahren und ihr historisches Erbe. Sein neues Gebäude bot die Chance, das auch in seiner Heimatstadt zu etablieren.

Früher lagen in den Häusern Muscheln auf dem Boden. In der Mittagshitze wurden sie mit Wasser besprizt. Wenn dieses verdunstete, kühlte es die Umgebung. Als Erinnerung an diese Tradition sind im Arabian Teahouse weiße Steine verlegt. Im Innenhof stehen weiße Rattanstühle und türkisfarbene Bänke mit dekorativen Kissen. Seit 1997 sitzen die Gäste hier in Laubengängen unter einem großen alten Baum bei Vogelgezwitscher. Und der Trubel der Großstadt scheint weit entfernt.

Adresse Al Fahidi Street, gegenüber dem Musalla Post Office, Al-Fahidi-Viertel | **ÖPNV** Metro (grün) bis Al Fahidi | **Öffnungszeiten** täglich 8–20 Uhr | **Tipp** Nur ein paar Schritte entfernt liegt das »Mawaheb from beautiful people«, ein Studio, in dem junge Menschen mit Beeinträchtigungen wunderbare Kunst schaffen. Das Ergebnis sind Bilder, Smartphonehüllen, Taschen, Tassen und mehr. Sie können direkt vor Ort erworben werden, es gibt auch ein Café (Villa 11, Al Fahidi Historical Neighbourhood).

15 Die Armillarsphäre

Ein mittelalterlicher Reisender und sein Kosmos

Er lebte im 14. Jahrhundert und reiste dreimal so weit wie Marco Polo. Im Jahr nach dessen Tod (1325) brach der 22-jährige Marokkaner zur Pilgerfahrt nach Mekka auf.

Sein Weg führte den Korangelehrten aus Tanger in Marokko in die entlegensten Ecken der damals bekannten Welt: nach Indien, auf die Malediven, an die chinesische Küste und bis nach Sumatra. Je weiter er sich von zu Hause entfernte, desto spannender wurden die unterwegs gesammelten Geschichten. Bildhaft beschrieb er, wie er immer wieder von den Mächtigen der Welt empfangen, in deren Dienste aufgenommen und großzügig entlohnt wurde. Drei Jahrzehnte war Ibn Battuta aus reiner Neugier unterwegs, durchquerte nach heutigen Grenzen 40 Länder und legte rund 120.000 Kilometer zurück: zu Fuß, auf Kamelrücken oder Segelschiffen. Zu seinen letzten Reisen gehörten ein Abstecher nach Andalusien und eine Expedition durch die Sahara bis nach Timbuktu. Zurück in Marokko diktierte er seine Erlebnisse, die später von vielen bewundert und von anderen als übertrieben bewertet wurden. Ohne Zweifel aber war Ibn Battuta einer der größten Reisenden des Mittelalters.

Die wohl schönste Shoppingmall Dubais ehrt den Entdecker mit sechs Themenwelten: China, Indien, Persien, Ägypten, Tunesien und Andalusien. Auch hier gibt es die übliche Mischung aus Hunderten Geschäften, Fressmeile, Gebetsräumen und Kino. Aber das Ganze ist mit viel Überlegung in ein Konzept aus prägnanten architektonischen Elementen, Farben, Musik und sanftem Licht eingebettet. Die Besucher lernen mehrere islamische Erfindungen des Mittelalters kennen, zum Beispiel eine Armillarsphäre. Im Ägyptischen Court steht eine acht Meter hohe, exakte Nachbildung nach einem Manuskript des 14. Jahrhunderts. Rundherum angebrachte Tafeln beschreiben, wie man die Lage von Mekka und Gebetszeiten ermittelte, die Position von Himmelskörpern und Mondeklipsen bestimmte.

Adresse Sheikh Zayed Rd, zwischen den Interchanges 5 und 6 | **ÖPNV** Metro (rot) bis Ibn Battuta Mall | **Öffnungszeiten** Sa–Di 10–23, Mi–Fr 10–24 Uhr | **Tipp** Zentrum des Andalusischen Hofes ist eine Adaption des Löwen-Brunnens aus der Alhambra. Den Persischen Hof ziert eine prächtige handbemalte Kuppel. Die Ägyptische Halle beherbergt Pyramiden, während die Chinesische Halle an die Gefahren erinnert, denen Ibn Battuta durch Piraten und Schiffbruch ausgesetzt war. Der Indische Hof präsentiert mit der prächtigen Elefantenuhr mittelalterliche Zeitmessung.

16 At the Top

Wo die Sonne zweimal täglich auf- und untergeht

Der Besuch des Burj Khalifa ist für die meisten Dubai-Touristen ein Muss. Zu Recht, denn von dort oben hat man einen grandiosen Blick auf die Stadt. Wer spontan zum Ticketcounter im Untergeschoss der Dubai Mall kommt, muss jedoch mit langen Warteschlangen rechnen. Oft sind die Eintrittskarten sogar lange im Voraus ausgebucht. Deshalb empfiehlt es sich, den Besuch früh zu planen und zu buchen. Die Ticketpreise variieren: Je nach Höhenlust und Geldbeutel kann man den 124./125. Stock, die circa doppelt so teure exklusive Plattform At the Top Sky im 148. Stock oder die welthöchste Lounge auf den Etagen 152 bis 154 besuchen. Die Preise variieren zudem nach Tageszeit und kosten zum Sonnenuntergang deutlich mehr als tagsüber.

Dafür bieten die Tickets für die oberen Level ein kurioses Extra: Wer sehr schnell ist, kann die Sonne zweimal untergehen sehen. Erst von der unteren, dann von der mehr als 100 Meter höheren Aussichtsplattform aus.

Im Winterhalbjahr gibt es eine tolle und weit weniger bekannte Option – den Besuch zum Sonnenaufgang. Das ist erheblich günstiger und bietet neben einem inkludierten Frühstück weitere Vorteile: So früh am Morgen ist es noch leer im Kassenbereich des Burj Khalifa. Das erlaubt sogar spontane Besuche. An den Aufzügen wartet keine Schlange, sodass es zügig nach oben geht. Und: Die Außen-Plattform At the Top zeigt genau in Richtung Osten. Das garantiert einen optimalen Blick auf die rote Kugel, die sich langsam aus dem Horizont schält und Dubai für ein paar Minuten in ein romantisches Licht taucht. Außerdem ist es morgens noch nicht so diesig wie oft tagsüber.

Bei diesem magischen Ausblick wird natürlich viel posiert und fotografiert. Die Schlitze zwischen den Fensterscheiben bieten optimale Bedingungen, um optimale Bilder zu schießen. Aber Vorsicht, dass das Smartphone nicht aus 452 Meter Höhe runterkracht!

Adresse Burj Khalifa (Zugang über das Untergeschoss der Dubai Mall) | **ÖPNV** Metro (rote Linie) bis Dubai Mall/Burj Khalifa, bitte 20 Minuten Fußweg bis zum Aufzug einplanen | **Öffnungszeiten** 8–15 und 15.30–18 Uhr; im Winterhalbjahr auch Fr/Sa ab 5.30 Uhr, Buchung zum Beispiel unter www.burjkhalifa.ae/en | **Tipp** Schon vor den offiziellen Geschäftszeiten der Dubai Mall (10–24 Uhr) darf man in dem riesigen Gebäude umherlaufen – davon profitieren alle, die ungestört einen Blick auf das Aquarium oder die Schaufenster werfen möchten (Eingang durch das »Cinema Parking«).

17 Backstage in der Oper

Ein Blick hinter überraschende Kulissen

Opernhäuser gelten als elitär. Die darin gezeigten Stücke sind manchmal ermüdend lang und ihre Plots nicht selten bizarr. Trotzdem lieben die Menschen sie seit Jahrhunderten, und keine Großstadt würde auf ihre Oper verzichten. Auch Dubai hat eine bauen lassen. Und natürlich wurde dabei nicht gekleckert, sondern ordentlich geklotzt. Von außen wirkt der Bau stylish, aber relativ schlicht. Er ist direkt neben dem Burj Khalifa und der Dubai Fountain platziert.

Die Idee hinter dem Gebäude mit seinen markanten Fensterfronten ist die Dhow, das traditionelle arabische Segelschiff. Schon die Wände, die den Opern- und Konzertsaal umgeben, sind dieser Form nachempfunden. Der Innenraum jedoch gehört zu den beeindruckendsten Opernsälen der Welt. Das Ambiente ist weit weg von den traditionellen Auditorien, wie in der Mailänder Scala oder der Met in New York. Auf modernen knallroten Sesseln finden insgesamt 2.000 Menschen Platz. Von jedem kann man gut sehen und hören; angeblich sollen Plätze 20 und 21 in Reihe A die besten sein. Der gesamte Raum wird von viel Holz in warmen Tönen eingefasst, auch die Logen erinnern an kleine Dhows. Sie sind nicht in die Ränge eingefügt, sondern hängen quasi außen dran.

Aber was passiert eigentlich tagsüber in einem Opernhaus? Und wie fühlt es sich an, selbst auf der Bühne zu stehen? Das wird bei einer Backstage-Führung erkundet. Weil Dubai weder über ein eigenes Ensemble noch über einen Chor oder ein eigenes Orchester verfügt, finden hier vor allem Gastspiele statt. Viele der ausländischen Künstlerinnen und Künstler sprechen aber weder Arabisch noch Englisch, deshalb gibt es Backstage ein cleveres Leitsystem, damit sie sicher zur Bühne finden. Man erfährt unter anderem, wo die männlichen Künstler musizieren, wenn eine islamische Hochzeit im großen Saal stattfindet, oder auch, wie dieser schnell umgebaut werden kann.

Adresse Sheikh Mohammed bin Rashid Boulevard | **ÖPNV** Metro (rot) bis Burj Khalifa/ Dubai Mal | **Öffnungszeiten** Termine und Buchung dubaiopera.com/dubai-opera-tour | **Tipp** Das Operngebäude (ohne Backstagebereich) ist tagsüber für alle zugänglich. Eine Rolltreppe führt ganz nach oben. Von dort aus hat man einen sehr speziellen Blick auf den Burj Khalifa und die Dubai Fountain und die beste Sicht auf den fünf Meter langen Kronleuchter »Symphony« mit seinen 30.000 Glasperlen.

18 Die Barjeels

Die stromfreien Klimaanlagen

Von April bis Oktober ist es in Dubai so heiß, dass man es tagsüber eigentlich nur im Inneren aushalten kann, wo Klimaanlagen für angenehme Temperaturen sorgen. Doch auch in früheren Zeiten wussten die Menschen am Persischen Golf, wie sie sich etwas Kühlung verschaffen konnten. Zum Beispiel mit den cleveren Windtürmen.

Die Barjeels haben seitliche Öffnungen, in deren Mitte sich zwei Wände kreuzen. Durch diese wurde tagsüber kühler Seewind und nachts der wärmere Landwind in den Innenteil geleitet. Weil kühle Luft eine höhere Dichte hat, sank sie ab und verdrängte die heiße Innenluft über den von der Windseite abgewandten Schacht des Turmes sowie über Fenster und Türen. Zusätzlich hängten die Bewohner an die seitlichen Stangen der Türme feuchte Tücher, die die einströmende Luft kühlen sollten. Nachts und bei Windstille funktionierte der Turm wie ein Kamin: Hitze, die tagsüber in den dicken Mauern gespeichert wurde, erwärmte die Luft in den Innenräumen. Dadurch wurde sie leichter, stieg hoch und zog frische Luft durch Türen und Fenster nach. Im Winter verschlossen die Bewohner die Turmöffnungen mit Brettern. So sorgte die in den Mauern gespeicherte Wärme länger für ein angenehmes Raumklima.

Inzwischen haben die Windtürme keine Funktion mehr. Sie sind aber ein tolles Fotomotiv in Dubais historischem Stadtviertel Al Fahidi. Dieser kleine Bezirk mit rund 50 Häusern liegt am Creek. Er wurde im 19. Jahrhundert von iranischen Tuch- und Perlenhändlern gebaut und hieß lange Bastakiya (nach der Stadt Bastak). Die ursprünglichen Häuser aus Lehm, Korallenstein und Muscheln sollten eigentlich Wolkenkratzern Platz machen. Doch als Prinz Charles Dubai im Jahr 1989 besuchte, soll er so begeistert von dem Viertel gewesen sein, dass er dem damaligen Herrscher Maktoum bin Rashid Al Maktoum einen Brief schrieb und die Erhaltung der islamischen Geschichte und Kultur anregte.

Adresse Al Bastakiya | **ÖPNV** Metro (grün) bis Al Fahidi | **Tipp** In Villa 44 zeigt das Coffee Museum die weltweite Geschichte des beliebten Getränks sowie seiner Herstellung und Werbung. Nach dem Rundgang über zwei Etagen kann man in der hauseigenen Bar eine Tasse frisch gebrühten türkischen Kaffee genießen (Mo–Do und Sa, So 9–17 Uhr geöffnet).

19__Das Black Tap
Crazy Shakes und Riesen-Burger

Machen wir uns nichts vor: Einen phantastischen Burger kann niemand stehen lassen – sosehr wir sonst auch auf LowCarb, glykämischen Index und Superfoods achten. Denn der Fleischklops im Brötchen kann, wenn er appetitlich aussieht, verführerisch duftet und aus guten Zutaten gemacht ist, einen richtig schlechten in einen richtig guten Tag verwandeln. Im Black Tap könnte das gelingen. Dort sollte man aber besser keine Kalorien zählen, sondern sich gut gelaunt auf die gehaltvollen Speisen und verrückten Drinks einlassen.

Auf der Karte stehen Rindfleisch-, Truthahn-, Hähnchen- und Wagyu Beef Burger sowie vegetarische Varianten mit unterschiedlichsten Belägen von klassisch über mexikanisch bis zu super-edel. Auch andere Street-Food-Klassiker wie Chicken Wings, Salate, Tacos, Pommes und Zwiebelringe sind verfügbar – alles in monumentalen Portionen. Dazu werden viele Craft- und gezapfte Biere aus den USA, England, Schottland, Japan, Deutschland und Holland, Cocktails und Cider angeboten. Wer Lust auf solides Essen hat, ist hier schon mal gut aufgehoben.

In einer Zeit, in der Social-Media-Fotos und -Clips fast wichtiger sind als die Nahrungsaufnahme selbst, zieht das Black Tap an vielen anderen hippen Burger-Manufakturen vorbei. Die mit stylishen Graffiti gestalteten Wände, eine perfekt abgestimmte Einrichtung und die Gute-Laune-Musik bieten eine ideale Kulisse für knallbunte Milchshakes, auf deren immensen Gläsern üppige Zuckerperlen-Ränder, Schokoregen-Kaskaden, Mega-Cookies, turmhohe Sahneberge, regenbogenfarbene Zuckerwatte und Lollis oder gar ganze Tortenstücke drapiert werden. Das Black-Tap-Konzept stammt aus New York. Dank Instagram und Co. standen die Besucher schnell stundenlang Schlange, um einen Crazy Shake zu ergattern und eigene Fotos zu posten. Prompt expandierten die Läden, unter anderem nach Las Vegas, Singapur und natürlich nach Dubai.

Adresse 1) Jumeirah Al Naseem Hotel in Madinat Jumeirah Umm Suqeim; 2) Rixos JBR in Dubai Marina; 3) InterContinental, Dubai Festival City, Umm Ramool Rd | **ÖPNV** 1) Metro (rot) bis Mall of the Emirates, dann Bus 81 oder Taxi; 2) Metro (rot) bis Damac Properties, dann Tram T 1 bis Jumeirah Beach Residence 1; 3) Metro (grün) bis Creek | **Öffnungszeiten** So–Do 11–24 Uhr, Fr, Sa 10–1 Uhr | **Tipp** Vom Jumeirah Beach direkt vor dem Black Tap aus hat man die optimale Position für Fotos vom Burj al Arab – vor allem zum Sonnenuntergang.

20__Das Bounce

Hier lernt man, die Wände hochzulaufen

Manchmal tut es gut, Luftsprünge zu machen. Stress fällt ab, jede Menge Glückshormone werden ausgeschüttet, und als netten Nebeneffekt verbrennt man bis zu 1.000 Kalorien pro Stunde. Das ist doppelt so viel wie beim Joggen. Der schlichten Industriehalle in Al Quoz ist nicht anzusehen, dass im Inneren ein großer Abenteuerspielplatz für alle Altersklassen wartet. Mehr als 100 Trampoline gibt es hier. Zum Springen ist keine Sportkleidung vorgeschrieben, bequemer wäre es aber. Am Empfang werden Sprungsocken ausgeliehen, und los geht's. Das Jumpen ist anstrengender, als es aussieht. Eigentlich ist man schon nach einer Viertelstunde platt. Kein Wunder: Der Mensch hat rund 650 Muskeln. Mehr als 400 von ihnen werden beim Trampolinspringen beansprucht. Aber weil es so großen Spaß macht und die Musik anheizt, hüpft man immer weiter.

Im Bounce werden alle Gäste von sogenannten Hosts betreut. Gerade wenn man neu ist oder nur einmal im Urlaub vorbeikommt, ist das sehr hilfreich. Die Profis erklären, wie das richtige Fallen funktioniert, und zeigen erste Tricks. Ziel ist, dass die Leute nicht nur drauflosspringen, sondern dass sie etwas Neues lernen und über ihre Grenzen gehen. Dafür bietet die Halle unzählige Möglichkeiten. Wer möchte, kann Basketball-Dunks üben, sich auf einer Art Halfpipe austoben, in einen riesigen aufblasbaren Sack plumpsen oder unter Anleitung lernen, die Wände hochzulaufen. Es braucht meist ein paar Versuche, bis das gelingt, ist dann aber ein umso schönerer Erfolg.

Naturgemäß kommen überwiegend jüngere Besucher. Denn sie trauen sich noch, die verschiedenen Sprung-Attraktionen hemmungslos auszutesten. Morgens um acht Uhr finden aber regelmäßig Bounce-Fit-Kurse statt. Das sind intensive Work-outs, die speziell für (auch reife) Erwachsene konzipiert sind und ihnen einen leichten Einstieg ins Trampolinspringen bieten.

Adresse Building #32, 4B St, Al Quoz 1 | **ÖPNV** Metro (rot) bis Noor Bank, dann
circa sieben Minuten Fußweg | **Öffnungszeiten** So–Mi 10–22, Do 10–24, Fr 9–24,
Sa 9–21 Uhr | **Tipp** Das Antique-Museum liegt ganz in der Nähe. Anders als der Name
vermuten lassen würde, ist das kein Museum, sondern eine große Lagerhalle voller Trödel,
Kuriositäten, Antiquitäten und Souvenirs, in der man einkaufen kann (12, 12 B St,
geöffnet 9–20.30 Uhr).

21 Der Boxpark

Trendige Einkaufsmeile aus bunten Containern

Vor ein paar Jahren öffnete im Londoner East End eine Ladenstadt aus Schiffscontainern. Das minimalistische Konzept dieses Boxparks war eine Notlösung, wenig später hätte es Luxuswohnungen und Büros weichen sollen. Was keiner ahnte: Das neue Viertel mit seiner Antithese eines durchgestylten Einkaufszentrums wurde zur Attraktion. Weil die Läden klein und die Baukosten gering waren, konnten sich auch junge Unternehmen, schräge Designer und Gastronomen die Miete leisten. Plötzlich kam hippes Szenevolk in die Gegend, sorgte für volle Shops, guten Umsatz und beste Stimmung. Statt die Container wieder abzubauen und weiterzuziehen, avancierte die Pop-up-Mall zur dauerhaften Institution. Die Welle wurde zum Trend, und inzwischen gibt es an vielen Orten Boxparks.

In Dubai ist der Industriechic noch relativ neu. Auf einem Kilometer Länge reihen sich an der Al Wasl Road flache, bunte Gebäude im Containerlook mit zweistöckigen Fassaden aneinander. Sie sind der totale Gegensatz zu den vielen silbernen Wolkenkratzern, die sich immer höher in den Himmel über dem Emirat bohren. Auch der breite Gehsteig ist eher ungewöhnlich. Denn wer länger in Dubai lebt, bewegt sich in der Regel nicht zu Fuß. Im Sommer ist es dafür sowieso zu heiß. Doch die Expats und Urlauber lieben das Spazierengehen und gemütliche Schaufensterbummeln.

Besonders nach Einbruch der Dunkelheit wird es belebt. Dann sind die Fassaden stimmungsvoll beleuchtet, die Besucher promenieren am Kino, an den vielen stylishen Shops, an sympathischen Cafés und kleinen Restaurants vorbei. Und entdecken dabei so manche schräge Idee. Das Yamaha Café dachte wohl daran, dass manche Dinge einfach untrennbar zusammengehören, wie Romeo und Julia, Fish und Chips – oder, völlig naheliegend, Motorräder und Sushi. An diesem ungewöhnlichen Ort kann man alles rund ums Bike einkaufen, aber auch japanisch essen, Matcha schlürfen oder Playstation spielen, während man auf einem echten Bike sitzt.

Adresse Al Wasl Rd zwischen 13th St und Dubai Water Canal | **ÖPNV** Metro (rot) bis Business Bay Station, Stop 01, dann 15 Minuten Fußweg über die Umm Amar Rd | **Öffnungszeiten** Geschäfte, Boutiquen: So–Mi 10–22 Uhr, Do–Sa 10–24 Uhr, Restaurants: täglich 10–22 Uhr | **Tipp** Reispudding ist fast überall auf der Welt beliebt. Ein Laden im Boxpark widmet sich ganz allein diesem Dessert, das es dort in zig Varianten gibt: mit Brownies, Früchten, Trüffeln, Saucen, Nüssen oder Schokolade (Dar Wasl Mall, Shop No5, Al Wasl Road, Jumeirah 2).

22 Das Bu Qtair

Schlangestehen für den besten Fisch Dubais

Studien zufolge braucht es für den ersten Eindruck gerade mal eine Zehntelsekunde. Danach steht für uns unveränderlich fest, ob wir etwas mögen oder nicht. Das Bu Qtair in seinem schmucklosen Flachbau hätte da nicht die besten Karten. Dort herrscht Selbstbedienung. Man muss Schlange stehen, manchmal sogar ziemlich lange. Trotzdem warten hier Tag für Tag viele Menschen geduldig – auf den besten Fisch Dubais.

Bis zum Jahr 1986 gab es an dieser Stelle am Umm Suqeim Beach quasi nichts als eine Anlegestelle. Dann öffnete ein kleiner Imbiss. Er bereitete das Abendessen für die heimkehrenden Fischer zu. Was im Netz war, kam in die Pfanne: Fisch und Shrimps. Dubai wuchs, nach dem Öl- kam der Bauboom. Die Fischer und ihre Hütten verschwanden, Wolkenkratzer entstanden, und schließlich wurde das luxuriöse segelförmige Burj Al Arab gebaut. In seinem Schatten stand noch immer das Bu Qtair an seinem unprätentiösen Standort. Jeden Abend bildeten sich inzwischen lange Schlangen von Menschen, die frischen Fisch essen wollten und das schlichte Ambiente selbst Luxusrestaurants vorzogen.

Vor einigen Jahren zog das Bu Qtair ein paar Meter weiter in ein größeres, steinernes Gebäude mit Aircondition und Terrasse. Der Fisch kommt heute auch nicht mehr direkt vom Boot, sondern wird vom Markt geholt. Sonst aber ist alles beim Alten geblieben. Man wartet im Inneren, bis man an der Reihe ist, sagt an der kleinen Fensterklappe, welchen Fisch und wie viele Shrimps man gern hätte, ob es Reis, Salat und Getränke dazu geben soll. Der Preis hängt vom Gewicht ab. Nun heißt es warten, die Zubereitung dauert ungefähr eine halbe Stunde. Was dann auf Plastiktellern an den Tisch kommt, ist sensationell. Der köstliche Fisch zergeht förmlich auf der Zunge: innen butterweich und außen herrlich kross; die frittierten Shrimps schmecken würzig-scharf, und die dazu gereichte Currysauce ist ein Gedicht.

Adresse Old 32B Street, Fishing Harbour 2, Umm Suqeim, GPS-Koordinaten 25°09'06.0"N 55°11'49.5"E | **ÖPNV** Metro (rot) bis Noor Bank oder First Abu Dhabi Bank, dann Taxi | **Öffnungszeiten** 11.30 – 23.30 Uhr | **Tipp** Nur fünf Gehminuten entfernt liegt das Ailuromania Café. Hier leben 25 gerettete Fellnasen. Man zahlt einen Eintritt, der zu deren Unterhalt beiträgt und bereits ein Getränk enthält. Das Café ist Durchschnitt, aber während des Aufenthaltes kann man die meist zutraulichen Katzen streicheln (844 Jumeirah St).

23 Der Burj Nahar

Mit einer Strickleiter auf den Wachturm

Wer hier hinaufwollte, brauchte Kondition. Der Burj Nahar hat nämlich keine Tür. Die einzigen Öffnungen sind Schießscharten im oberen Teil. Sie verraten, dass der runde Baukörper früher ein Wachturm war.

In Dubai ist fast alles neu: die Häuser, Straßen, der Glamour und die Superlative. In den letzten 30 Jahren hat sich die Stadt nicht nur neu erfunden, sondern immer wieder selbst überholt. Auch wer regelmäßig Urlaub hier macht, erkennt die pulsierende Metropole schon nach wenigen Monaten kaum wieder. Überall wird neu und umgebaut, verändert, vergrößert. Doch auch wenn es nur noch an sehr wenigen Ecken sichtbar ist, gab es Dubai schon vor dem Boom. Im 19. Jahrhundert war es ein kleines Fischerdorf. Britische Handelsschiffe steuerten es auf dem Weg von und nach Indien an. Doch die heimische Bevölkerung lebte meist vom Fischfang und dem Ertrag der Dattelpalmen. Um 1870 wurde die Perlenfischerei zum wichtigsten Wirtschaftsfaktor der Stadt und Dubai zum bedeutendsten Hafen der Golfküste. Zum Schutz vor feindlichen Angriffen ließ der damalige Herrscher Sheikh Hasher Bin Maktoum eine Stadtmauer und Wachtürme errichten. Zwei von ihnen sind noch erhalten: der Burj Nahar in Deira nahe des Dubai Creeks und der Burj Naif an der Dubai Old Souk Abra Station. Sie wurden aus Lehm und Korallengestein gebaut und massiv verfüllt. Die Wachposten kletterten mit Strickleitern und Seilen auf die Wehrplattform. Heute gehören die acht Meter hohen Türme zu den ältesten Bauwerken der Stadt. Das früheste ist das Dubai Fort aus dem Jahr 1787. In den 1990er Jahren wurden sie restauriert.

Der Burj Nahar liegt inmitten eines kleinen idyllischen Parks, in dem Palmen und Blumen wachsen. Viele Einheimische verbringen hier ihre Mittagspause oder strecken sich für eine kleine Siesta auf dem Rasen aus. Dieser Ort ist eine ebenso ungewöhnliche wie sympathische kleine Oase inmitten der pulsierenden Großstadt.

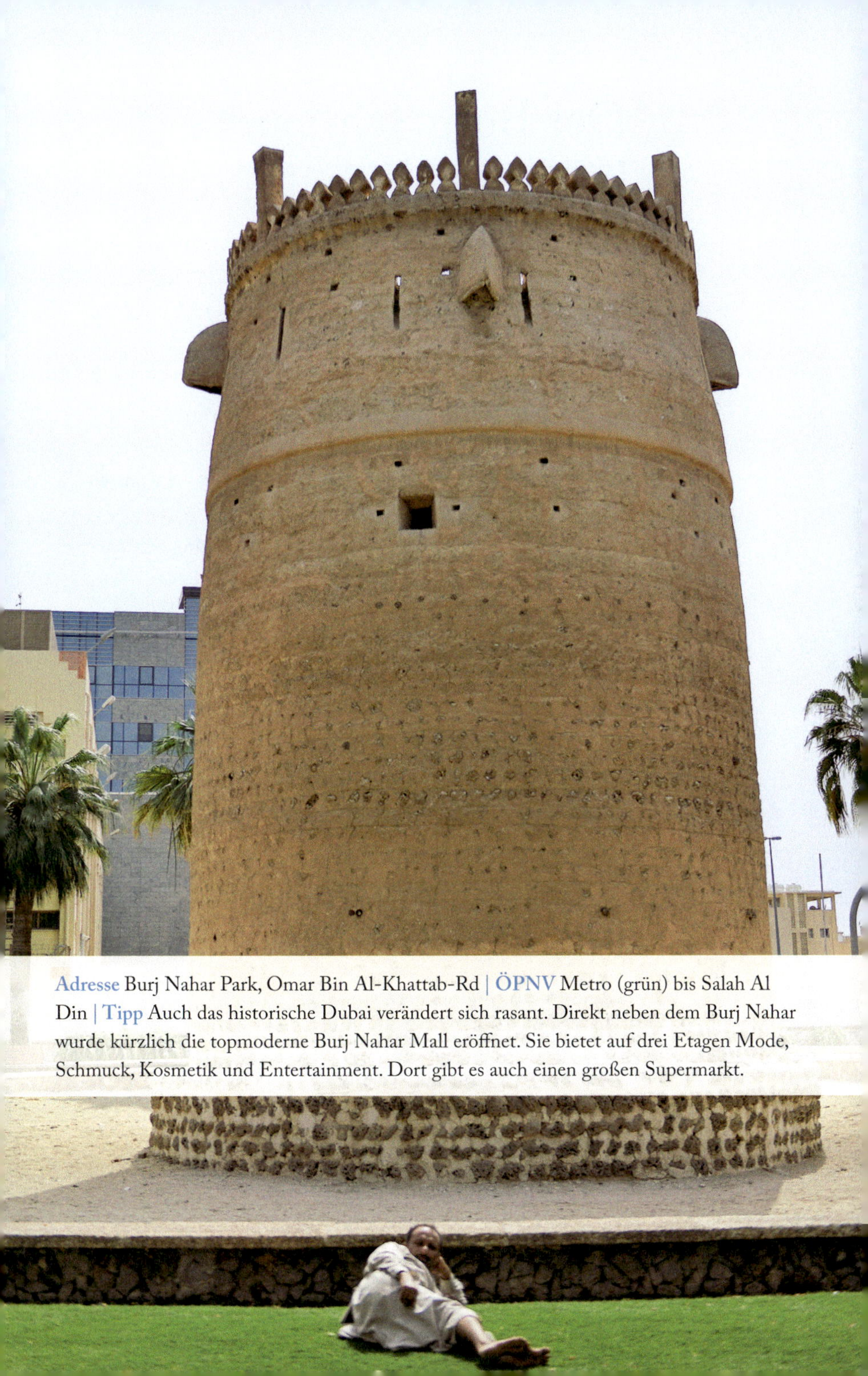

Adresse Burj Nahar Park, Omar Bin Al-Khattab-Rd | **ÖPNV** Metro (grün) bis Salah Al Din | **Tipp** Auch das historische Dubai verändert sich rasant. Direkt neben dem Burj Nahar wurde kürzlich die topmoderne Burj Nahar Mall eröffnet. Sie bietet auf drei Etagen Mode, Schmuck, Kosmetik und Entertainment. Dort gibt es auch einen großen Supermarkt.

24_ Der Butterfly Garden
Das Reich der erstaunlichen Falter

Auf der Welt leben 160.000 verschiedene Schmetterlingsarten, jeden Tag wird eine bisher unbekannte Spezies entdeckt. Die Falter vollbringen mit ihrer Metamorphose von einer pummeligen Raupe zu einem filigranen Flugakrobaten eines der größten Kunststücke der Natur. Ein ähnlich beeindruckendes Phänomen ist jedoch, dass die anpassungsfähigen Insekten wahre Ausdauer-Sportler sind. Wie Zugvögel reisen viele von ihnen im Winter in wärmere Gegenden. Und orientieren sich dabei an der Sonne, ihrer inneren Uhr und am Erdmagnetfeld. Falter gibt es weltweit, nur Kälte und extreme Hitze vertragen sie nicht. Deshalb wäre Dubai eigentlich eine natürliche Tabuzone für sie. Trotzdem leben hier 15.000 von ihnen – das ganze Jahr über. Sie stammen vorwiegend aus Asien, Afrika und Lateinamerika. Im Butterfly Garden, dem weltgrößten überdachten Garten seiner Art, sorgt ein ausgeklügeltes Kühlsystem dafür, dass sich die Schmetterlinge bei angenehmen 24 Grad optimal entfalten können.

Der Park liegt am Stadtrand in Al Barsha, direkt neben dem berühmten Miracle Garden. Wer sich dort an den kunstvollen Skulpturen und Objekten aus sagenhaften 50 Millionen Blumen sattgesehen hat, kann einfach um die Ecke schlendern und den farbenfrohen Faltern einen Besuch abstatten. Unter neun Kuppeln, in denen tropische Pflanzen wachsen, lassen sich alle vier Lebensphasen beobachten. Damit die Besucher die dort residierenden 26 Schmetterlingsarten ganz aus der Nähe sehen können, werden diese auf Augen- und Handhöhe gefüttert, wie der Bananenfalter, einer der größten Schmetterlinge überhaupt (Foto). Die Falter lieben Süßes und lassen sich mit einem Stück Ananas oder Banane gut anlocken. Wer sich langsam und ruhig bewegt, wird auch direkt angeflogen. Die Schmetterlinge landen auf dem Kopf oder der Hand und lassen sich ganz vorsichtig berühren. Manchmal scheint es sogar, als würden sie regelrecht für Fotos posieren.

Adresse Al Barsha South Third, Dubailand Area, Sheikh Mohammed bin Zayed Rd |
ÖPNV Metro (rot) bis Mall of the Emirates, dann Taxi | **Öffnungszeiten** täglich
9–18 Uhr | **Tipp** Der Miracle Garden (unter derselben Adresse) hat immer im Winter-
halbjahr von November bis Mai geöffnet (Wochentage 9–21 Uhr, Wochenende 9–23 Uhr).

25 Camelicious
Die Kamelmolkerei

Kamele waren immer die Basis für das Leben in der arabischen Welt. Viele Jahrhunderte lang transportierten sie Menschen und Lasten – unter Bedingungen, die für Pferde viel zu hart wären. Sie waren treue Begleiter und Handelsware. Vor allem aber versorgten sie ihre Besitzer mit Milch, Wolle und Fleisch. Beduinen schwören auf die Heilkraft der Kamelmilch. Mit der Entdeckung von Erdöl in Dubai gerieten die Wüstenschiffe für einige Dekaden in Vergessenheit. Dann wurden sie wiederentdeckt: vor allem als Renntiere, aber auch als Lieferant eines gesunden Lifestyle-Produktes. Kamelmilch ist nämlich deutlich fettärmer als die der Kühe, für Allergiker besser verträglich und enthält außerdem viel Eisen, Vitamin B und C. 2006 eröffnete eine halbe Stunde vom Stadtzentrum entfernt Camelicious, die erste Kamelmolkerei. Im Rahmen von Führungen kann man sie besuchen.

Auf der Farm lebten zu Beginn 625 Kamele, heute sind es zehnmal so viele. Sie werden in Gruppen von maximal 25 Tieren gehalten, insgesamt kümmern sich mehr als 500 Angestellte um sie. Doch die Stuten sind eigenwillig und sensibel. Melken lassen sie sich nur, wenn es ihnen passt und wenn ihr Kalb zuvor gesäugt wurde. Das Junge muss auch während des Melkprozesses in der Nähe seiner Mutter sein. Stimmt nur eine Kleinigkeit im Umfeld oder der Stimmung nicht, versiegt der Milchfluss sofort. Dann können sich die Melker noch so bemühen, die Kameldame rückt keinen Tropfen mehr heraus.

Die Produktion ist ohnehin herausfordernd. Kamele geben frühestens Milch, wenn sie fünf Jahre alt sind. Manchmal dauert es dann weitere Jahre, um sie an die Melkmaschinen zu gewöhnen. Und selbst wenn alles passt, ist der Ertrag erheblich geringer als bei Kühen. Besucher können bei ihrem Rundgang die Kamele am Außengehege mit großen Möhren füttern und natürlich von der Milch kosten.

Adresse Al Ain Road, Exit 26; Umm Nahad 3 | **Anfahrt** nur mit dem Auto erreichbar: über die E66 Richtung Al Ain, dort hinter der Dubai Outlet Mall die Abfahrt (Exit) 26 nehmen, Richtung Umm Nahad fahren und den Camelicious-Schildern folgen | **Öffnungs-zeiten** Termine und Buchung unter camelicious.ae/visit-camelicious | **Tipp** Das Café Majlis in der Dubai Mall bietet Camelatte, Camelccino, Kameleis und -schoki an. Es liegt im Erdgeschoss innerhalb des Old Souk (Metro (rot) bis Dubai Mall/Burj Khalifa).

26 Der Cayan Tower

Der total verdrehte Wolkenkratzer

Er ist ein echter Hingucker. Der silberne Cayan Tower sieht aus, als hätte jemand oben an der Spitze angefasst und den schlanken Bau kräftig um die eigene Achse verdreht. Was so simpel wirkt, ist in Wirklichkeit eine architektonische Meisterleistung – und ein Paradebeispiel dafür, wie Dubai tickt.

2006 wurde mit dem Bau begonnen. Doch kurz darauf mussten die schon weit fortgeschrittenen Gründungsarbeiten unterbrochen werden. Denn die 20 Meter tiefe Baugrube war nach einem Uferbruch an der Dubai Marina geflutet worden. Anderthalb Jahre später konnte es endlich weitergehen, dann kam die Finanzkrise. Sieben Jahre nach dem ersten Spatenstich wurde der Spiralbau schließlich eröffnet. Der Wohnturm hatte zwar herbe Rückschläge hinnehmen müssen, war aber nie aufgegeben worden. Genau genommen ist er eine 306 Meter hohe, frei stehende Skulptur. In den unteren Etagen liegen kleine Studios, in den höheren Stockwerken die teureren Vier-Zimmer-Apartments und ganz oben exklusive Penthouses.

Mit der Gebäude-Form sollte natürlich Aufsehen erregt werden, denn wer will in Dubai schon in einem normalen Haus wohnen … Doch die Drehung hat auch praktische Vorteile. Sie ermöglicht mehr Wohnungen den Ausblick auf die Marina, den Golf und die künstliche Insel Palm Jumeirah. Außerdem trotzt der Turm dem Wind auf diese Weise besser. Aber auch im Inneren gibt es clevere Lösungen, zum Beispiel einen zentralen Zylinder aus Beton, der sich durch die 75 Stockwerke zieht. Dort sind die Fahrstühle, aber auch alle Leitungen und Rohre untergebracht. Jede Etage ist um 1,2 Grad im Uhrzeigersinn versetzt, das ergibt insgesamt eine Rotation um 90 Grad. Wer genau hinschaut, bemerkt auch, dass der Cayan Tower auf einer Seite ein wenig nach innen und auf der anderen etwas nach außen gebogen ist, wie ein zickzackförmiges Sechseck. Dadurch wirkt der Turm noch schlanker und die Drehung plastischer.

Adresse 1202, Al Barsha Heights, Teacom, Dubai Marina | ÖPNV Metro (rot) bis Damac Properties, dann zehn Minuten Fußweg oder Tram bis Marina Towers | Tipp Wenige Minuten Spaziergang entfernt, am Marina Walk, liegt die Waterbus Station 2. Von dort aus kann man sich im klimatisierten Wasserbus günstig und bequem zur Dubai Marina, der Marina Terrace oder anderen Stationen an der Uferpromenade fahren lassen.

27 Die Chillout Ice Longe
Das frostige Café

Das Times Square Center wirkt eigentlich wie eine ganz normale, für Dubai-Verhältnisse eher kleine Mall. Von einem geräumigen Atrium aus erstrecken sich zu beiden Seiten Geschäfte, über Rolltreppen kommt man zum Foodcourt im Obergeschoss. Doch ein Café macht neugierig. Denn während sonst jedes Restaurant, jede Bar und jeder Shop schon von außen mit einem verlockenden Angebot hinter großen Fensterscheiben wirbt, versteckt sich die Chillout Ice Lounge hinter schlichten weißen Wänden. Nur ein grell beleuchtetes Schild macht auf den Eingang aufmerksam. Dort bekommt man einen Thermomantel sowie Stiefel und wird gebeten, beides besser sofort anzuziehen. Ein zunächst merkwürdig wirkender Tipp bei mindestens 30 Grad Außentemperatur. Aber es lohnt, ihn zu befolgen. Denn im pink und lila angestrahlten Inneren wird es frostig. Das gesamte Interieur ist aus Eis: Tische, Sitzbänke, Bar, Bilderrahmen, Mauern, Torbögen und sogar der Kamin. Von der Decke hängen riesige Eiszapfen, die sind allerdings aus Kunststoff. Künstler haben viele große Eisskulpturen aus dem gefrorenen Nass geschnitten. Man kann sich zwischen einer mannshohen Aladdin-Lampe oder Blumenbuketts, einer Gazelle, großen Adlern, Delphinen oder aufsteigenden Pferden platzieren. Bei minus sechs Grad helfen die kuscheligen Felle auf den Sitzen dabei, nicht sofort auszukühlen.

Es gibt Mocktails (alkoholfreie Cocktails), die natürlich in Eis-Gläsern serviert werden, Tee, Kaffee, heiße Schokolade. Obwohl man theoretisch den ganzen Tag hier verbringen könnte, um Kuchen, Sandwiches oder Suppe zu verputzen, kriecht den Gästen früher oder später die Kälte die Beine hoch. Deshalb bleibt der Aufenthalt meist kurz, doch die spektakulären Fotos von verschiedenen Spots erinnern noch lange an diesen sehr speziellen Ort. Der sich, selbst wenn man es zwischendurch vergessen haben sollte, eigentlich mitten in der Wüste befindet.

Adresse Times Square Center, Ground Floor, Sheikh Zayed Rd | ÖPNV Metro (rot) bis Noor Bank oder First Abu Dhabi Bank, dann jeweils 20 Minuten Fußweg | **Öffnungszeiten** täglich 10–24 Uhr | Tipp Während der Sommermonate findet freitags und samstags der Ripe Market im Times Square Center statt. Neben frischem Obst und Gemüse werden Bio-Produkte wie Säfte, Honig, Tee, Eier, Superfoods und glutenfreie Lebensmittel sowie Kunsthandwerk, Mode und Schmuck angeboten.

28 Das Cinema Akil

In Dubais bestem Kino sitzt man auf Plüschsofas

An Kinos bietet Dubai die ganze Palette: von der Multisaal- über die Luxusvariante mit Businessclass-Ledersesseln und Butlerservice (Platinum Plus Roxy Cinemas), Säle mit einer 270-Grad-Projektion (ScreenX) oder ultramodernes Multiplex mit VIP-Leinwänden, wo es für jeden Gast Kissen und Decke gibt (Novo 7 Star), bis hin zu Vorstellungen, in denen Drei-Gänge-Menüs (Reel Cinemas Jebel Ali) oder sogar Gerichte von einem Sternekoch serviert werden (Vox Cinemas). Doch das beste, romantischste und sympathischste Kino liegt in einem umgebauten Lagerhaus. Es hat nur einen einzigen Saal. Der ist vollgestellt mit verschiedenen gemütlichen Plüschsofas sowie Sitzreihen, die aus dem einst ältesten Kino Dubais stammen. Es war abgerissen worden, um einem Hotel Platz zu machen. An den Wänden hängen rot-goldene Tapeten und schwere Samtvorhänge. Eine sehr einladende und charmante Atmosphäre.

Butheina Kazim, die in den 1980er und 1990er Jahren in Dubai aufwuchs, hatte schon früh eine Leidenschaft fürs Kino. Damals wurden nur Hollywood- und Bollywood-Blockbuster oder ägyptische Streifen gezeigt. Dennoch mochte sie die Abende, an denen sich die Familie aufmachte, Chai und Snacks bestellte und die Kino-Atmosphäre erlebte.

An dieses Gemeinschaftsgefühl erinnerte sie sich, als sie schließlich selbst plante, Gastgeberin für Filmfans zu sein. Sie hatte in Kanada Design und in New York Medienwissenschaft studiert und bereits einen preisgekrönten Kurzfilm produziert. Zurück zu Hause begann sie, an verschiedenen Orten unter freiem Himmel Filme zu zeigen. Die Besucher saßen auf improvisierten Sitzen, populäre Filme wechselten mit Independent-Streifen ab. Die Veranstaltungen sprachen sich herum, wurden immer beliebter. Seit 2018 hat das Cinema Akil einen festen Standort an der Alserkal Avenue mit 133 Plätzen. Dort zeigt es, als erstes Kino am Golf, klug ausgewählte internationale Arthouse-Filme.

Adresse Alserkal Avenue, Warehouse H 68, Al Quoz Industrial District | **ÖPNV** Metro (rot) bis Noor Bank Station, von dort Taxi oder 20 Minuten Fußweg | **Öffnungszeiten** täglich 12–22 Uhr | **Tipp** Das organische Café Wild & the Moon bietet zu 100 Prozent pflanzliche, unpasteurisierte Bowls, Snacks, Detox-Säfte und Smoothies an. Die – damit alles mega-vorbildlich ist – obendrein ohne raffinierten Zucker, Soja, Gluten, Milchprodukte oder Zusatzstoffe auskommen (Lane I, Warehouse 77, geöffnet So – Do 10–20, Fr 10–22, Sa 8–22 Uhr).

29 __ Die coolen Bus-Häuschen

Für einen kühlen Kopf selbst in der größten Hitze

Wolkenloser Himmel und strahlender Sonnenschein, das klingt eigentlich perfekt. Doch bei Temperaturen bis zu 50 Grad Celsius (im Schatten gemessen) und einer Luftfeuchtigkeit von mehr als 70 Prozent spielt sich das Leben in Dubai in den Sommermonaten hauptsächlich in klimatisierten Räumen ab. Denn so sorgfältig man auch geduscht, gekleidet und frisiert ist: Wer ins Freie tritt, läuft erst einmal gegen eine Hitzewand. Wenige Minuten genügen, damit die Kleidung am Körper klebt, das Atmen schwerer fällt und man sich nichts sehnlicher wünscht, als in ein gekühltes Gebäude zu flüchten. Selbst das Meer hat mehr als 30 Grad, nur Badewannen sind wärmer. Also läuft den ganzen Tag die Aircondition: in den Wohnungen, den Hotels, Shoppingcentern und Restaurants. Auch in den Autos bleiben die Fenster zu und die Klimaanlage an.

Wer mit öffentlichen Verkehrsmitteln unterwegs ist, findet vorübergehende Abkühlung in den Metros. Stationen haben überdachte Walkways (Übergänge) zu den nächsten Bürokomplexen oder Malls (wie zum Beispiel an der Station Dubai Mall/Burj Khalifa). Aber auch beim Warten auf den Bus muss man nicht in der sengenden Sonne stehen. Denn fast 900 Stationen sind stadtweit klimatisiert. Man erkennt die Kabinen an ihrer markanten Form, die an einen Halbmond erinnert. Die Bushäuschen bestehen aus eloxiertem Stahl und sind meist mit Werbung beklebt. So bieten sie den Fahrgästen einerseits mehr Privatsphäre und schützen sie außerdem vor der prallen Sonneneinstrahlung.

Im Inneren können acht Menschen sitzen, insgesamt finden 13 bis 16 Personen Platz. Diese können sich über den Fahrplan und das Streckennetz informieren und das WLAN nutzen. Wo es in unmittelbarer Nähe der Busstationen keinen Stromanschluss gibt, werden aktuell solarbetriebene Kabinen getestet. Diese generieren die Energie für die Klimaanlage, das Licht und die Anzeigetafeln selbst.

Adresse fast jede Haltestelle der Buslinien in der Stadt, zum Beispiel am Baniyas Square | **Tipp** Seit einigen Jahren setzt Dubai verstärkt auf die Nutzung von Solarenergie. An verschiedenen Stellen der Stadt, zum Beispiel am Jumeira Beach nahe des Umm Suqeim Parks, fallen stilisierte Stahlpalmen ins Auge, die mit Solarpanels bestückt sind. Diese Smart Palms fungieren als WIFI-Hotspots, man kann kostenlos das Smartphone aufladen, sie bieten Informationen in verschiedenen Sprachen, sind mit Kamera und Notknopf ausgestattet.

30 Der Crescent Boardwalk

Die stille Promenade auf der Palme

Im Jahr 2001 begannen die Arbeiten zu einem Projekt, das viele für verrückt hielten. Dubais Herrscher, Mohammed bin Rashid al Maktoum, wünschte sich mehr Küste für sein Emirat. Davon hatte es damals nämlich nur 70 Kilometer. Also ließ er mit riesigen Schiffen aus den Nachbaremiraten Millionen Felsbrocken anliefern und Sand aufs Wasser sprühen. Im Laufe der Zeit wuchs aus dem Meeresboden eine Insel in Form einer riesigen Palme mit 17 Wedeln und einem schützenden, halbmondförmigen Wellenbrecher. Sieben Jahre lang wurde gebaut, teilweise mit 40.000 Arbeitern gleichzeitig, dabei insgesamt fast 100 Millionen Kubikmeter Erde bewegt und sieben Millionen Steine aufgeschüttet. Dann war Dubais Küste 100 Kilometer länger und Palm Jumeirah selbst aus dem Weltall sichtbar – als Symbol eines wahrgewordenen Traumes.

Wer heute auf den Crescent kommt, möchte etwas erleben: im Aquaventure Waterpark alle Rutschen testen, am Strand liegen, die mystischen Unterwasserwelten in den Lost Chambers bewundern, Rochen oder Albino-Alligatoren bei der Fütterung zusehen. Man kann im Atlantis shoppen, zwischen Fine Dining und Streetfood wählen oder auf einen Sprung beim neuen Nachbarn, dem Royal Atlantis, vorbeischauen.

Dabei bietet der Halbmond etwas, das in Dubai sonst so rar ist wie natürlicher Schnee: Stille. Dazu biegt man vom Scheitelpunkt am Hotel Atlantis einfach nur nach rechts oder links auf den Crescent Boardwalk ab. Das ist ein sechs Meter breiter Weg mit Holzplanken für Fußgänger. Am Hotel ist es noch sehr belebt. Aber wenige Gehminuten weiter: nur Ruhe, Meer und Promenade. In jede Richtung geht es fast sechs Kilometer weit. Nur ab und zu kommen Jogger vorbei oder andere Flaneure, die den stillen Weg und die sanfte Brise ebenso genießen. Von den Sichelspitzen ist die Sicht auf Dubais Skyline exzellent und wird nur von dem malerischen Sonnenuntergang übertroffen.

Adresse Crescent Rd | ÖPNV Metro (rot) bis Damac Station, dann Tram bis Palm Jumeirah, dort startet die Palm Monorail | Öffnungszeiten Fahrzeiten Monorail täglich 9–22 Uhr | Tipp Nach dem Aussteigen nach links auf dem sichelförmigen Halbmond entlangflanieren. Dort gibt es eine stylishe Bar mit toller 360-Grad-Dachterrasse, guten Drinks, Speisen und einem Retro-Flipper, die obendrein einen Knaller-Fotoblick auf die Dubai-Skyline bietet (SoBe, im Hotel W von Marriott, geöffnet täglich 16–3 Uhr).

31 Declaration

Schwebende Poesie in Pink

Aus der Wand des Opera Gardens wächst eine acht Meter lange pinkfarbene Stahl-Skulptur. Die kunstvoll verschlungenen Metall-Elemente scheinen über dem Boden zu schweben und der Schwerkraft zu trotzen. Beim Näherkommen entpuppen sich die vielen harmonischen Schleifen und Schwünge als arabische Kalligrafie. Die Worte sind ein Nabati-Reim des Herrschers von Dubai und Vizepräsidenten der Vereinigten Arabischen Emirate, Scheich Mohammad bin Rashid Al Maktoum: »Kunst in all ihren Farben und Arten widerspiegelt die Kultur der Nationen, ihre Geschichte und Zivilisation.«

Die Nabati-Poesie gehört schon seit Ende des 14. Jahrhunderts fest zur arabischen Kultur. Die Beduinen nutzten sie als Medium, um familiäre Dinge zu verhandeln oder sich zu sozialen Angelegenheiten zu äußern. Auch Traditionen, Erlebnisse und Heldengeschichten wurden über die volkstümlichen Verse weitergegeben. Viele historische Ereignisse sind heute nur darum bekannt, weil sie von Generation zu Generation mittels Lyrik überliefert wurden. Im Laufe der Jahrhunderte entwickelte sich die Nabati-Poesie in den arabischen Kulturzentren zu hoher Kunst. Versmaß, Duktus und Metrik wurden immer weiter verfeinert, die Themenkreise erweitert und philosophische sowie kulturelle Themen integriert. Andere Verse fordern die Leser und Zuhörer dazu auf, über ihr Leben nachzudenken. Bei Könnern verschmelzen die Worte zu einem schwingenden Rhythmus, die Folgen aus kurzen und langen Vokalen reihen sich zu einem melodiösen Tanz.

Dubais Herrscher, Scheich Mohammad bin Rashid Al Maktoum, ist seit seiner Jugend Nabati-Lyriker und gilt als einer der bekanntesten und besten zeitgenössischen Dichter. Er hat bereits mehrere Bücher veröffentlicht. Seine Gedichte werden häufig vertont und sind regelmäßig im Radio zu hören. Jedes Jahr verfasst er ein Rätsel in Nabati-Versen. Wer alle Fragen richtig und lyrisch beantwortet, erhält einen großzügigen Geldpreis.

Adresse Sheikh Mohammed bin Rashid Blvd | **ÖPNV** Metro (rot) bis Burj Khalia/Dubai Mall, dann rund 15 Minuten Fußweg | **Tipp** Im Al-Ras-Viertel von Deira kann man das Haus des berühmten Nabati-Dichters Al Oqaili (1875–1954) besichtigen. Neben Dokumenten und Original-Gedichten sind persönliche Gegenstände, Haushaltsutensilien und Möbel des Lyrikers ausgestellt, die Einblick in das Leben zum Ende des 19. und Beginn des 20. Jahrhunderts in Dubai geben (Sikka 26A, Metro (grün) bis Al Ras).

32 Der Deira Clock Tower

Wie ein unverhofftes Geschenk zur Ikone wurde

Der erste Erdölexport aus den Vereinigten Arabischen Emiraten wurde 1962 mit einem großen Fest zelebriert. Bei dieser Gelegenheit überreichte der damalige Scheich von Qatar seinem Schwiegervater, dem regierenden Herrscher von Dubai, Scheich Rashid, eine Uhr. Die Symbolik des Geschenks war enorm, die Ausmaße des edlen Stückes aber auch. Dubai war damals ein sehr kleiner Ort; seine rasante Entwicklung lag noch in der Zukunft. Wie und wo konnte das unverhoffte Präsent also angemessen gewürdigt werden?

Schließlich wurde beschlossen, an der damaligen Straße von Norden nach Dubai einen Uhrenturm zu bauen. Zu dieser Zeit gab es noch keine Autobahn. Reisende und Händler, die in die Stadt wollten, kamen durch die Wüste. Der neue Turm mit dem kostbaren Zeitmesser wäre also das Erste, was sie vom Emirat sehen würden. 1963 war die Al Maktoum Bridge fertig, die erste Brücke über den Creek, welche die Stadtteile Bur und Deira verband. An ihrem Fuß entstand der erste Kreisverkehr Dubais, in den auch die Hauptstraße mündete. In der Mitte positionierte der syrische Architekt Zaki Al-Homs eine luftige Konstruktion aus Stahl und Beton. Hier war die Uhr nicht nur gut geschützt, sondern auch mit Abstand der höchste Punkt weit und breit. 1965 ging der Deira Clock Tower in Betrieb.

Leider zeigte der Turm schnell Mängel. Denn dem Beton war ungewaschener Strandsand beigemischt worden. Dessen Salz zersetzte das Stahlskelett rasant. 1972 beschloss man, das längst zur Ikone gewordene Bauwerk umfassend zu restaurieren. Bei einem weiteren Make-over im Jahr 1989 wurden alle vier Zifferblätter durch neue ersetzt und bei dieser Gelegenheit gleich eine Beleuchtung sowie GPS eingebaut. In der Mitte sprudelt seitdem ein großer Springbrunnen. Heute liegt der Deira Clock Tower nicht mehr am Stadtrand, sondern mittendrin. Und rund um den Kreisverkehr erheben sich längst hohe Gebäude.

Adresse Kreuzung Al Maktoum Rd/Abu Baker Al Siddique Rd | **ÖPNV** Metro (rot) bis Al Rigga, dann zehn Minuten Fußweg | **Tipp** Wer den Lieben zu Hause statt eines digitalen Grußes eine Ansichtskarte schicken will, findet oft keine Briefmarken. In der Nähe des Deira Clock Towers gibt es ein Postamt: Al Riqqa Post Office, 45 C St, Al Muraqqabat.

33 Der Dhow Wharfage

Der historische Hafen

Am Creek fing alles an. Der Salzwasserkanal, der die Stadt in zwei Hälften teilt, ist ungefähr 13 Kilometer lang. An seiner Mündung in Deira zogen schon im 19. Jahrhundert Fischer und Perlentaucher ihren Fang aus dem Wasser. Später ermöglichte der Kanal dem damals noch sehr kleinen Ort den Seehandel.

Nachdem der Creek in den 1960er und 1970er Jahren ausgebaggert worden war, damit ihn auch große Frachtschiffe passieren konnten, verlor der ursprüngliche Anlegeplatz zunehmend an Bedeutung. Heute hat sich der Frachtverkehr in den weltgrößten künstlich angelegten Tiefseehafen nach Jebel Ali im Süden Dubais verlagert. Dieser ist eine Freihandelszone und gilt als einer der bedeutendsten Containerhäfen. Während dort keine Touristen hineindürfen, werden an den historischen Kanaldocks in Deira noch immer täglich Dhows, die typischen hölzernen Schiffe, ent- und wieder beladen.

Wer mit den Abras über den Creek übersetzt, kann Dutzende der bunten Schiffe am Ufer sehen. Es ist aber auch möglich, direkt am Wharfage vorbeizugehen und das spannende Treiben aus der Nähe zu beobachten. Der Anlegeplatz erstreckt sich zwischen dem Old Souk und der Al Sakha Abra Station. Die Größe der vielen angedockten Lastschiffe reicht von bescheidenen Kähnen für kurze Strecken bis zu großen Seeschiffen, die Häfen an der Golfküste, den Iran, Afrika, Pakistan oder Indien ansteuern.

An Deck und an Land stapeln sich zahllose Kisten, Container und Gegenstände. Alle denkbaren Güter, von Kaugummis über Zigaretten, Autoreifen, Waschmaschinen, Klimaanlagen bis hin zu Ersatzteilen werden verschifft – täglich Hunderte Tonnen. Manchmal stehen die Waren auch über Nacht dort, ohne dass etwas gestohlen wird. Die Mannschaften stammen meist vom indischen Subkontinent. An Deck gespannte Wäscheleinen, Kochtöpfe und häusliche Utensilien verraten, dass sie quasi auf den Dhows leben. Selbst zum Entspannen nach getaner Arbeit entfernen sie sich nicht von ihren Dhows.

Adresse Baniyas Rd, zwischen Old Souk und Al Sabkha Abra Station, GPS-Koordinaten 25°16'00.7"N 55°18'19.6"E | **ÖPNV** Bus C 07, C 09 oder C 28 bis Deira, Old Souq 1 oder Metro (grün) bis Baniyas Square und circa sieben Minuten Fußweg | **Tipp** Von der Abra-Station Baniyas aus fährt das Petrol Heritage Abra CR 6 zum neuen Viertel Al Seef. In seinem nördlichen Teil dominiert der historische Architekturstil mit Windtürmen, der südliche Abschnitt wurde hypermodern gestaltet. Dort gibt es eine lange Promenade, mehr als 30 Restaurants und einen Yachthafen.

34_ Die Dinner-Gondel
Das abgehobene Restaurant

Kochen zu Hause, kulinarische Genüsse im Superrestaurant, schneller Imbiss am Food Truck – alles schon gehabt? Dann setzt Dubai noch einen drauf: Anschnallen und ab in die Luft.

Beim »Dinner in the Sky« nehmen 22 Personen auf drehbaren Ledersesseln um einen großen Tisch Platz. Sicherheitshalber gurten sie sich fest an, dann zieht ein 180-Tonnen-Kran die Plattform langsam nach oben. Während sich manche Gäste im Stillen fragen, ob das Ganze wohl sicher ist (ist es), wie hoch die Gondel gezogen wird (je nach Windstärke bis zu 45–50 Meter), und sich andere unauffällig nach einer Toilette umschauen (es gibt keine), schießen die Ersten euphorisch ein Selfie nach dem anderen: mit imposanter Skyline oder dem weltgrößten Riesenrad Ain Dubai im Hintergrund, mit Liebstem im Arm oder auch ohne.

Währenddessen bereitet der Koch an einer kleinen Mittelinsel die Speisen zu. Er kann sich frei bewegen, ist aber mit Gurt und Seil gesichert. Das Kochen in der Höhe hat seine Tücken. Was vergessen wurde einzupacken, fehlt. Leichte Zutaten, wie Kräuter oder Salatblätter, fliegen beim ersten Windhauch weg. Und warme Speisen werden im Freien schneller kalt. Deshalb sind jeder Handgriff und jede Deko ausgiebig erprobt.

Beim Lunch und Dinner gibt es ein Drei-Gänge-Menü, dabei wählen die Gäste zwischen Rind, Hühnchen, Fisch und vegetarischer Variante. Zum Afternoon Tea werden stattdessen Sandwiches, Scones und Gebäck gereicht. Die Plattform hängt erstaunlich ruhig am Haken. Trotzdem sollte man Smartphone, Sonnenbrille und Tasche sicher platzieren, damit sie nicht ungewollt in die Tiefe plumpsen. Auch das kultivierte Essen ist eine Herausforderung. Denn die Gurte verhindern ein Vorbeugen zum Teller. Dafür ermöglichen sie Wagemutigen, sich nach hinten zu lehnen oder mit dem ganzen Sitz um die eigene Achse zu drehen. Nach 90 Minuten landet die Gondel wieder sicher auf dem Boden.

Adresse Al Seyahi Street, Dubai Marina | **ÖPNV** Metro (rot) bis Damac Properties, dann zehn Minuten Fußweg | **Öffnungszeiten** Veranstaltung täglich 14–23 Uhr | **Tipp** Direkt nebenan liegt einer der angesagtesten Beach Clubs, das Zero Gravity. Der Eintritt ist nicht günstig, dafür relaxt man an einem der schönsten Strandabschnitte mit direktem Blick auf die Skyline. Es gibt einen riesigen Süßwasser-Pool, ein gutes Restaurant, mehrere Indoor- und Outdoor-Bars, häufig Liveacts und Partys und samstags einen großen Brunch. Dann sind im Tagespreis die Speisen und Getränke inklusive.

35 Der Dubai Creek Tower

Das neue Kronjuwel in Dubais Skyline

Erst seit 140 Jahren ist es möglich, Stahl so zu härten, dass selbst relativ schmale Eisenträger sehr schwere Lasten tragen können. Die Technik revolutionierte die Architektur und erlaubte den Bau von Hochhäusern. 1930 war sie schon so ausgereift, dass innerhalb eines einzigen Jahres das 381 Meter hohe Empire State Building gebaut werden konnte. Seitdem ist ein regelrechter Wettlauf um das jeweils höchste Gebäude der Welt entbrannt. Der Burj Khalifa (828 Meter hoch) war es mehr als zehn Jahre lang. Doch die Konkurrenz schläft nicht. Im saudi-arabischen Dschidda soll bald die magische Kilometer-Marke geknackt werden. Der Jeddah Tower wird den bisherigen Rekordhalter um 179 Meter überragen. Lange kann sich das Nachbar-Emirat aber nicht an seinem Spitzenplatz freuen. Denn Dubai baut längst an einem neuen Superlativ.

Im Jahr 2021 soll die Rekord-Konstruktion eingeweiht werden. Die endgültige Höhe wird erst bei der Eröffnung bekannt gegeben, Vermutungen bewegen sich zwischen 1.100 und 1.300 Metern. Der Dubai Creek Tower ist allerdings kein Wolkenkratzer. Dafür müsste er frei stehen und mindestens zur Hälfte bewohnbar sein. Er besteht jedoch aus einem schlichten Stahl-Schaft. In mehr als 800 Meter Höhe weitet er sich für einige Etagen, in denen Restaurants, Aussichtsplattformen und der höchste Garten der Welt untergebracht sein werden. Der spanisch-schweizerische Architekt Santiago Calatrava soll sich bei seinem Entwurf an der natürlichen Form einer Lilie und der eines Minaretts orientiert haben. Das Modell wirkt aber eher wie eine Rakete, die von Seilen am Boden gehalten wird.

Der Creek Tower wird das Herzstück des neuen Mittelpunktes von Dubai. Denn hier entsteht auf sechs Quadratkilometern ein ganz neuer Stadtteil, der Dubai Harbour: mit Wohngebäuden, Malls, Hotels, Yachtclub, Marina und Hafen. Geplant sind sogar frei laufende Flamingos.

Adresse Dubai Creek Harbour, GPS-Koordinaten 25°11'51.7"N 55°21'18.4"E | **ÖPNV**
Metronetz wird zur Eröffnung des Dubai Creek Towers verfügbar sein | **Anfahrt** zurzeit
nur per Mietwagen oder Taxi über die Ras Al Khor Road (E44), Ausfahrt Dubai Creek
Harbour erreichbar | **Tipp** Einer der bekanntesten Open-Air-Clubs Dubais, das BASE,
befindet sich ganz in der Nähe im Dubai Design District. Bis zu 2.000 Partygänger
finden Platz. Hier geben sich die angesagtesten DJs und Liveacts die Klinke in die Hand
(O-14 Base, GPS-Koordinaten 25°11'06.3"N 55°17'57.2"E, Anfahrt mit Taxi, Do–Sa
22–4 Uhr geöffnet).

36　Der Dubai Mall Bridgeway

Für diesen Ort bräuchte man mindestens sechs Fotos

Wer zur Dubai Mall möchte, nutzt in der Regel die rote Metrolinie bis zur gleichnamigen Metrostation. Dort angekommen, erwartet man unmittelbar den enormen Einkaufstempel. Stattdessen wandert man mit vielen anderen Menschen einen gläsernen Gang entlang, läuft, läuft und läuft noch immer – auf langen Rollbändern oder auch daneben. Zwischendurch gibt es immer wieder Abzweige oder Ausgänge, die Dubai Mall erreicht man nach zehn Minuten zügigen Gehens. Erst von der Straße aus erschließt sich die wirkliche Größe der Glasröhre und auch, warum diese ganze 820 Meter lang ist: Die rote Metrolinie führt entlang der Sheikh Zayed Road. Die weitläufige Dubai Mall konnte nicht in direkter Nähe gebaut werden. So mussten deren Besucher früher entweder durch die sengende Hitze laufen oder mit dem Taxi beziehungsweise Bus zum Shopping-Mekka fahren. Deshalb wurde der klimatisierte Bridgeway für die gigantische Summe von 120 Millionen Dirham (rund 40 Millionen Euro) gebaut. Er führt in zehn Meter Höhe über Straßen und Kreuzungen, verbindet Hotels sowie Bürohäuser und endet direkt in der Dubai Mall. Auf diese Weise erlaubt er bis zu 50.000 Nutzern pro Tag eine bequeme An- und Abreise mit den Öffentlichen. Am vollsten wird es jedoch in der Silvesternacht. Dann passieren fast eine Million Menschen den Metrolink auf dem Weg zum Feuerwerk am Burj Khalifa.

Inzwischen haben der lokale Entwickler Emaar und die Straßen- und Transport-Behörde neue ehrgeizige Pläne. 75 Millionen Flugreisende steigen jährlich in Dubai um. Über einen neuen direkten Walkway vom Terminal zum zentralen Dubai Square am Creek sollen die Transitreisenden schnell und kostenlos in die Stadt gelangen. Das würde bedeuten: Noch viel mehr Touristen wollen zum Burj Khalifa und der Dubai Mall. Deshalb soll nicht nur die Metro-Station vergrößert werden, sondern auch der Bridgeway: Er wird bald doppelstöckig.

Adresse Emaar Square | **ÖPNV** Metro (rot) bis Burj Khalifa/Dubai Mall | **Tipp** Vor dem Eingang der Dubai Mall (Waterfall Entrance) steht ein großes, poliertes Stahlherz, in dem sich der Burj Khalifa und die umgebenden Wolkenkratzer spiegeln. Das fotogene »Love me« mit eigenwilliger Ausbeulung ist eine Skulptur des britischen Künstlers Richard Hudson.

37_Die Elefanten-Uhr

Ein analoger Computer aus dem Mittelalter

Schon im Mittelalter konstruierten arabische Ingenieure Automaten. Sie entwarfen knifflige Mechanismen aus hydraulischen Röhren, Ventilen und Zahnstangengetrieben. Jeder morgenländische Herrscher, der auf sich hielt, besaß künstliche Singvögel, sprechende Statuen, Apparate mit beweglichen Teilen und ausgeklügelter Mechanik. Einer der genialsten Erfinder dieser Zeit ist Al-Dschasari, der Ende des 12./Anfang des 13. Jahrhunderts lebte. Er baute spektakuläre Geräte und hinterließ sogar ein Handbuch für deren Bau: von Schöpfwerken über Wasserspiele bis zu einer automatischen Kellnerin auf Rollen, die Tischgästen mittels eingebauter Hebel und Seilzüge Wein nachschenkte. Die größte Berühmtheit erlangte der Meister für seine komplexen Uhren.

Die Nachbildung eines seiner faszinierendsten Werke steht in der Ibn Battuta Mall: eine Uhr, ganze sieben Meter hoch. Sie repräsentiert verschiedene Kulturen und vereint einen indischen Elefanten, eine drachenähnliche chinesische Schlange, einen ägyptischen Phoenix, einen persischen Teppich, eine arabische Figur und griechische Wassertechnologie.

Als Antrieb dient eine Schüssel mit Loch im Boden. Die schwimmt in einem Wasserbehälter im Bauch des Elefanten. Langsam läuft sie voll, sinkt und spannt dabei ein Seil, das einen Schreiber dreht. Dessen Stift zeigt die Minuten an. Nach einer halben Stunde taucht die Schüssel unter und zieht dabei weitere Seile mit sich. Eines davon lässt eine Metallkugel aus einem Korb in der Turmkuppel herunterfallen. Sie trifft einen Propeller, der die Stundenscheibe an der Kuppel weiterdreht. Die Schlange fängt die Kugel mit ihrem Maul und dreht sich um. Dabei zieht sie die Schüssel im Wasserbehälter wieder in ihre Ausgangsposition empor. Schließlich fällt die Kugel in eine Vase und schlägt eine Zimbel. Zweimal pro Tag werden die unten angekommenen Kugeln wieder zurückgelegt, und der Zyklus beginnt von vorn.

Adresse Ibn Battuta Mall, India Court, Sheikh Zayed Road | **ÖPNV** Metro (rot) bis Ibn Battuta Mall | **Öffnungszeiten** So–Mi 10–22 Uhr, Do–Sa 10–24 Uhr | **Tipp** Sehenswert ist auch der achteckige Löwen-Brunnen im Andalusia Court, der dem berühmten Brunnen im Patio de los Leones der Alhambra nachempfunden ist. Hier wurde er jedoch doppelstöckig gestaltet, und die Löwen sehen wilder aus.

38 Der Falkner in Bastakiya
Das Wappentier auf der Hand

Falken gehören zur arabischen Tradition und Kultur wie die Wüste. Für die Beduinen waren sie immer wertvolle Begleiter und oft sogar überlebenswichtig. Denn in einer Gegend, in der es kaum Deckung gab, konnten Menschen nicht unbemerkt jagen. Deshalb standen auf ihrem Speiseplan meist Datteln und Kamelmilch. Falken verschafften ihnen mit ihrem beeindruckenden Jagdgeschick etwas Abwechslung. In mehreren hundert Metern Höhe segeln sie lange ruhig durch die Luft und schauen sich von oben mit ihren scharfen Augen ihre Beute aus. Dann setzen sie zum Spurt an, klappen die Flügel an den Körper, schießen mit einer rasanten Beschleunigung von bis zu 300 Stundenkilometern vom Himmel herab und packen das Tier im Flug. Das kann ein Zugvogel sein, ein Hase oder eine Oryx-Antilope.

Heute wird die Falknerei in den Vereinigten Arabischen Emiraten überwiegend als sportliches Hobby betrieben. Die Tiere sind aber auch Wappentier und Statussymbol. Unter 5.000 Euro gibt es keinen Falken, besonders prächtige Exemplare können schon mal 100.000 Euro oder mehr kosten. In Dubai werden Falken aber auch zum Schutz der Wolkenkratzer vor Tauben, Krähen und anderen Vögeln eingesetzt. Deren Hinterlassenschaften wären nicht nur ein ästhetisches Problem. Vogelkot enthält viel Säure, die die Gebäudesubstanz schädigen kann. Auch die Heiz- und Kühlkomponenten der Häuser müssen vor schädlichen Mikroorganismen geschützt werden. Wenn Falken um die Wohn- und Bürotürme kreisen, sind andere Vögel so verunsichert, dass sie gar nicht erst an und auf den Gebäuden nisten. Auch Hotelanlagen nutzen Greifvögel, um freche Beos und Tauben von den Frühstückstellern der Gäste fernzuhalten.

In Al Bastakiya, dem historischen Teil Dubais, gibt es einen Laden, in dem ein Falkner Auskünfte über die Könige der Wüste gibt. Dort kann man auch einen Lederhandschuh anziehen und sich mit einem Falken fotografieren lassen.

Adresse Al Bastakiya, Villa 42 (neben dem Coffee Museum) | **ÖPNV** Metro (grün) bis Al Fahidi, dann zehn Minuten Fußweg | **Öffnungszeiten** täglich 10–18 Uhr (Zeiten können im Sommer variieren) | **Tipp** Im nationalen Falcon Heritage and Sports Centre gibt es ein Museum, in dem unter anderem ein Film über die Falkenjagd gezeigt wird. Dies ist außerdem der einzige Ort, an dem mit Falken gehandelt wird (geöffnet So–Do 8–14 Uhr, freier Eintritt, Muscat St, Nad Al Sheba Area, nahe der Meydan Rennbahn, Metro (rot) bis Business Bay, dann Taxi).

39 __ Die Fensterputz-Kabine
Damit die Fassade des Burj Khalifa immer glänzt

Die markante Spiegelfassade des Burj Khalifa gehört zu den beliebtesten Fotomotiven der Welt. Doch sie ist heftigen Einflüssen ausgesetzt: Stürme schleudern mit bis zu 200 Stundenkilometern Wüstensand gegen den Turm, Regen peitscht gegen die Scheiben, und die sengende Sonne brennt unbarmherzig.

Vor dem Bau des Wolkenkratzers machten die Ingenieure zahllose Tests mit allen Fassadenteilen, riesige Flugzeug-Turbinen mit Propellern simulierten extremste Wetterbedingungen. Um dem Wind weniger Angriffsflächen zu bieten, wurde die aerodynamische Form des Turmes vielfach gebrochen. Das bedeutete aber auch: Die 24.348 Fensterpaneele mussten individuell angepasst werden. Jedes von ihnen wiegt 362 Kilo, ist 3,35 Meter hoch und 1,37 Meter breit. Würde man sie alle aneinanderlegen, wären ganze 17 Fußballfelder bedeckt. In Dubai klettert das Thermometer im Sommer nicht selten bis zur 50-Grad-Marke. Hinter normalem Fensterglas würde das Innere da schnell Saunatemperaturen erreichen. Deshalb ist eine Seite der Scheiben mit einem dünnen Metallfilm überzogen, der UV-Strahlen reflektiert, und die andere mit einer infrarotlichtabsorbierenden Silberschicht. Diese sorgt auch für die Spiegeloptik.

Ein 36-köpfiges Team hält Fenster und die Edelstahl-Elemente sauber. Die Männer arbeiten ganz traditionell mit Wassereimer und Lappen. Bis zur 110. Etage putzen sie von speziellen Gondeln aus, die an fest installierten Teleskoparmen befestigt sind. Jeder dieser Arme kann bis zu 36 Meter ausgefahren werden. Er wird in der Fassade geparkt. Für die 53 Stockwerke darüber und die Spitze (auch die muss immer glänzen) seilen sich die nervenstarken Männer von ganz oben ab. Dort ist es gute zehn Grad kälter als auf dem Boden. Unter normalen Bedingungen dauert es drei bis vier Monate, bis der Turm einmal von oben nach unten geputzt ist. Dann beginnt die Arbeit wieder von vorn.

Adresse Burj Khalifa, 1 Sheikh Mohammed bin Rashid Blvd./Al Sa'ada St | **ÖPNV** Metro (rote Linie) bis Dubai Mall/Burj Khalifa, bitte 20 Minuten Fußweg bis zum Gebäude einplanen | **Tipp** Ganz in der Nähe fährt der Dubai Trolley, eine knallrote Doppeldecker-Nostalgietram. Sie wird mit Wasserstoff angetrieben und pendelt täglich von 16 bis 24 Uhr auf einem Kilometer am Mohammed bin Rashid Boulevard. Die Fahrt ist kostenlos. Stationen: The Address, Manzil Hotel, VIDA Hotel.

40_Firas Sweets

Ein Muss für alle mit einem süßen Zahn

Wenn es ums Essen geht, sind die Vorlieben so individuell wie die Menschen. Da einen ganz bestimmten Ort zu empfehlen, ist immer ein Wagnis. Wer arabische Süßspeisen liebt, darf Firas aber auf keinen Fall verpassen. Mehrere Filialen gibt es inzwischen in Dubai. Obwohl sie von außen unscheinbar wirken, bilden sich vor jeder von ihnen regelmäßig Schlangen.

Im Inneren türmen sich auf großen Blechen die beliebtesten arabischen Süßigkeiten zu Pyramiden. Dazu gehört neben Baklava und gefüllten Datteln zum Beispiel Ghriba, ein raffiniertes Mandelgebäck. Oder Maamoul, köstliche kleine Plätzchen mit einer Füllung aus Datteln und Nüssen. Berühmt ist Firas aber vor allem wegen seiner Kunafa, einer traditionellen levantinischen Süßspeise mit grell-oranger Oberfläche, die es in zig Varianten überall im arabischen Raum, dem Orient und in Nordafrika gibt. Trotz ihrer unterschiedlichen Zubereitung sind die Grundzutaten überall gleich. In Sirup getränkter Blätterteig wird mit Kadif (Engelshaar), Käse, Butter, Rosenwasser, Kardamom, Zimt und Pistazien im Ofen zu einer – zugegeben nicht diätfreundlichen – Köstlichkeit gebacken und vor dem Servieren noch mal mit einer süßen Essenz beträufelt. Sie schmeckt am besten, wenn sie noch heiß ist und der Käse sich ziehen lässt.

Bei Firas wird die Kunafa auf riesigen Stahlschalen mit einem Durchmesser von 80 Zentimetern gebacken. Statt Ricotta, den die meisten Bäcker verwenden, importiert man hier speziellen Käse aus Palästina. Dieser ist normalerweise salzig und wird einem langen Reinigungsprozess unterzogen, bis alle Mineralien entfernt sind. Ein aufwendiger Prozess, der sich lohnt: Das Ergebnis ist ein herrlich weicher süßer Käse und eine perfekte Kunafa. Wer sich bei dem riesigen Angebot nicht entscheiden kann, bittet einfach die Verkäufer um Unterstützung. Sie führen engagiert durch ihr Sortiment und bieten oft sogar kleine Kostproben an.

Adresse 37, 2nd of December Street (auch als Al Dhiyafah Rd bekannt) | **ÖPNV** Metro (rot) bis Jafiliya Station (Ausgang Landside), dann Bus 10 bis Jumeira Rotana Hotel | **Öffnungszeiten** So–Fr 9–24 Uhr | **Tipp** In der nahe gelegenen Al Ghazal Mall gibt es einen Hypermarkt mit einem enormen Lebensmittelbereich (2nd of December Street/ Al Wasl Rd).

41 Der Flohmarkt

Secondhand-Schätze finden oder loswerden

Der Legende nach gingen Ende des 19. Jahrhunderts die ersten Trödler nachts durch die Pariser Straßen. Dort sammelten sie ein, was andere nicht mehr haben wollten und deshalb nach draußen gestellt hatten: Kleidung, Hüte, Möbel, Geschirr, Spielzeug oder Haushaltsgegenstände. Diese Dinge verkauften sie weiter. Schnell drängten sich die Menschen um die Verkaufsplätze und suchten nach günstigen, brauchbaren Dingen. Um 1880 soll ein unbekannter Mann angesichts der vielen durcheinandergewürfelten Waren und Kunden ausgerufen haben, das sähe ja aus wie ein »Marché des Puces« (Flohmarkt). Dieser Name blieb hängen, und noch heute begeistern sich in Europa Schnäppchenjäger für Trödelmärkte. Das charmante Nebeneinander von Arm und Reich, kostbar und nutzlos, gepflegt und stark abgenutzt prägt das Angebot, und die Nachfrage bestimmt, wie günstig etwas verkauft wird.

Eine Deutsche brachte die Idee nach Dubai. Melanie Beese lebte einige Jahre im Emirat. Sie shoppte in neuen, schicken Einkaufszentren und vermisste dennoch etwas: die Suche nach Schätzen, während der man mit Händlern fachsimpeln, die Geschichten der Stücke hören und nebenbei Geld sparen konnte. Die Eventmanagerin schrieb an Behörden, um auch hier einen Trödelmarkt unter freiem Himmel zu installieren. Zuerst konnte sich niemand vorstellen, dass so etwas ausgerechnet in Dubai funktionieren würde, wo die Leute lieber alles neu und schick, vor allem aber im klimatisierten Inneren kaufen. Dennoch bekam sie eine Genehmigung, und ihr Flohmarkt wurde zum Erfolg. Nicht zuletzt deshalb, weil viele nur für ein paar Jahre zum Arbeiten in die Stadt kommen, sich dort schnell einrichten und Überflüssiges vor ihrer Abreise wieder loswerden wollen. Handeln gehört unbedingt zum Kaufen dazu! Vor allem arabische Händler setzen die Preise viel zu hoch an, weil sie davon ausgehen, dass sie sowieso nur einen Bruchteil davon bekommen.

Adresse Zabeel Park, Area A, Eingang: Gate 1 | **ÖPNV** Metro (rot) bis Al Jafiliya |
Öffnungszeiten am 1. Sa des Monats (Nov.–April) 8–15 Uhr | **Tipp** Weitere Flohmärkte
gibt es jeweils am 2. Freitag des Monats von 13 bis 18 Uhr im Al Nahda Pond Park,
am 3. Freitag des Monats von 13 bis 18 Uhr im JLT (Jumeirah Lake Towers) Park und
am 4. Freitag des Monats von 13 bis 18 Uhr im Al Barsha Pond Park. Wer selbst etwas
verkaufen möchte, kann unter www.dubai-fleamarket.com einen Stand buchen.

42 Die fünfte Fassade

Das ungewöhnliche Dach der Dubai Mall

Dächer müssen funktional, aber nicht unbedingt schön oder interessant sein. Doch bei der Dubai Mall ist das anders. Denn die steht neben einem einzigartigen Nachbarn. Der 828 Meter hohe Burj Khalifa hat drei Aussichtsplattformen, zusätzlich gibt es mehr als 1.000 Apartments, 37 Stockwerke mit Büroflächen und 160 Hotelzimmer. In unmittelbarer Nähe befinden sich zudem mehr als 80 andere Wolkenkratzer, aus denen ebenfalls ständig zahllose Menschen auf die Dubai Mall herunterblicken. Deshalb wurde deren »fünfte Fassade« mindestens so akribisch gestaltet wie die Lakefront-Fassade oder das Innere.

Der Blick von oben verrät viel über die Struktur der Mega-Mall. Der Komplex besteht aus 37 eigenständigen Gebäuden. Zwischen ihnen gibt es jeweils einen Spalt von zehn Zentimetern. Das gleicht eventuelle Ausdehnungen des Materials in der Sommerhitze bequem aus. Sie sind erdbebensicher, obwohl das in der Region gar nicht nötig wäre. Sollte in einem hoffentlich nie eintretenden Fall eines der Gebäude einstürzen, wären die anderen nicht betroffen.

Während im Inneren die Orientierung zunächst schwerfällt, erkennt man das System von oben auf den ersten Blick. Zwei Hauptachsen begegnen sich im rechten Winkel. Eine Passage in Form eines Viertelkreises verbindet sie auch auf der anderen Seite. Verlaufen ist also eigentlich unmöglich. Ein Gang in der Mitte schafft eine weitere Verbindung, die zentrale Kuppel krönt den Gold Souk. Mit 28,9 Metern ist dieser so hoch, dass fünf Giraffen übereinander oder eine aufgestellte Boeing 737 darin Platz fänden. Die rechteckige Fläche mit den vielen runden Scheiben gehört zur Eisbahn von olympischer Größe. Wenn das Dach nach Einbruch der Dunkelheit angestrahlt wird, leuchten diese Fenster in vielen Farben. Unter der Wölbung in der Mitte verbirgt sich das Aquarium. Das große, runde Dach gehört hingegen zum neuesten Teil, der Fashion Avenue.

Adresse Sheikh Mohammed bin Rashid Boulevard, Downtown Dubai | **ÖPNV** Metro (rote Linie) bis Dubai Mall/Burj Khalifa, bitte 20 Minuten Fußweg zum Gebäude einplanen | **Öffnungszeiten** täglich 11–1 Uhr | **Tipp** Einen einzigartigen Blick auf den Burj Khalifa bietet das Treehaus. Das ist eine edlere, mediterrane Lounge mit großer Dachterrasse, in der es hervorragende Drinks und Speisen gibt (geöffnet Sa–Mi 19–2 Uhr, Do–Fr 19–3 Uhr). Dienstags ist dort Ladies Night (Wein unlimitiert für einen moderaten Festpreis und Rabatt für Speisen), freitags von 16 bis 21 Uhr ein verspäteter Brunch (Taj Hotel, Burj Khalifa Street, Business Bay).

43_Der Garden Glow

Was man mit Energiesparlampen alles machen kann

Tagsüber ist der Zabeel Park eine Mischung aus riesiger Grünfläche und Freizeitpark. In den Wintermonaten (Oktober bis Mai) verwandelt sich ein Teil davon abends in ein pompöses Lichtspektakel. Die Besucher flanieren durch funkelnde Torbögen, vorbei an glitzernden Blumenwänden, menschengroßen Leuchtinstallationen und riesigen Skulpturen, durch lange Licht-Wandelgänge und Alleen mit Modellen berühmter Bauwerke oder beliebter Filmfiguren. Drollige Leuchtinsekten stehen unter großen, blinkenden Bäumen, und durch den kleinen See schwimmen leuchtende Entenfamilien, illuminierte Quallen und Goldfische. An jeder Ecke locken andere Fotospots, kleine Bühnen, Podeste, Bögen aus mehr als 60 Herzen oder besondere Sichtachsen. Unglaubliche zehn Millionen LEDs wurden für die Show verbaut. Das Ganze wirkt fast wie ein Märchenwunderland.

Im zweiten Teil, dem Art Park, sind viele Objekte aus recycelten Materialien, wie alten CDs, Plastikflaschen, Porzellan oder Glas, entstanden. Auch sie funkeln, blinken und leuchten um die Wette. Im Ice Park wird es bei minus acht Grad frostig – ein enormer Kontrast zu den Außentemperaturen. Besucher bekommen am Eingang Thermomäntel, um ohne Zähneklappern die vielen Eisskulpturen bewundern zu können. Diese wurden aus 5.000 Tonnen gefrorenem Wasser geschnitten. 150 Künstler haben Eisbären, Pinguine, Dinos und Kamele, aber auch Iglus, Tunnel und Gebäude geschaffen. Sogar ein Flugzeug, der Burj Khalifa und das Burj Al Arab stehen hier als eisige Kunstwerke. Das Ambiente ist sehr beeindruckend. Es wirkt aber völlig surreal, wenn man das eigentliche Klima Dubais bedenkt.

Der Dinosaurier-Park spricht vor allem Kinder an. In diesem Teil des Garden Glow sind rund zwei Dutzend der Urtiere aufgebaut. Sie röhren, fauchen, öffnen und schließen die gewaltigen Mäuler, einige sind auch beweglich – und alle werden im Dunkeln stimmungsvoll angestrahlt.

Adresse Zabeel Park, Area B, Gate 6 und 7, Al Majlis St, Al Kifaf, GPS-Koordinaten 25°13'40.7"N 55°17'46.9"E | **ÖPNV** Metro (rot) bis Al Jafiliya, von dort 30 Minuten Fußweg oder Taxi | **Öffnungszeiten** Okt.–Mai Sa–Do 17–23, Fr 16–24 Uhr, Einlass bis eine Stunde vor Schließung; der Besuch ist nach Sonnenuntergang empfehlenswert | **Tipp** Ganz in der Nähe gibt es eine sehr trendige und angesagte Rooftop Cocktail Lounge, das 40 Kong. In den Wintermonaten bietet sie Dschungelatmosphäre mit grandiosem Panoramablick über Downtown (täglich 19–3 Uhr geöffnet, H Hotel, 1, Sheikh Zayed Rd, Metro (rot) bis World Trade Centre).

44 Der Glaswalk

Mutprobe auf dem größten Bilderrahmen der Welt

Mitten in der Skyline von Dubai thront ein großer goldener Bilderrahmen. Seine 150 Meter Höhe wären für die Stadt der Rekorde eigentlich nichts Besonderes. Tatsächlich jedoch ist die Konstruktion einzigartig. Die beiden seitlichen Elemente stehen nämlich wie Türme im umgebenden Zabeel Park. 93 Meter lange Brücken verbinden sie. Durch die untere gehen Besucher gleich zu Beginn. Dort werden sie auf eine Reise durch die Entwicklung Dubais mitgenommen. 3-D-Videos und Exponate zeigen alte Handwerke, das Leben in der Wüste und in der Familie sowie die Erdölförderung. Dann geht es mit einem gläsernen Panorama-Aufzug nach oben zum Sky Deck Level. Schon die tolle Aussicht während der Fahrt würde den Besuch lohnen.

Beim Aussteigen sieht man auf beiden Seiten große Fensterfronten. Doch eine junge Dame hält alle freundlich zurück. Sie fordert auf, langsam vorzutreten und dabei nach oben zu schauen. Dort sind glitzernde Leuchtkörper. Nett, aber jetzt will man wirklich zu den Fenstern. Also los. Aus den Augenwinkeln sieht man plötzlich, dass auf dem Boden etwas ganz und gar nicht stimmt. Da ist … nichts. 150 Meter Luft, dann der Boden. Kurz wird es flau im Magen, selbst wenn man keine Höhenangst hat. Die Beine weigern sich weiterzulaufen, bis man den Glasboden realisiert. Und andere Gäste, die sich schon mutiger vorgewagt haben. Der Walk ist also stabil. Trotzdem kostet es einige Überwindung, vorwärtszugehen. Wenn man sich dann erst mal traut, betrachtet man amüsiert neu ankommende Gäste, die sich genauso erschrecken. Oder gönnt sich zur eigenen Beruhigung einen Espresso oder etwas Süßes an der Bar.

Dann endlich geht es an die seitlichen Scheiben. Auf einer Seite blickt man in Richtung Old Dubai mit Deira, Al Ghurair und das nahe Al Karama. Auf der anderen Seite erstrecken sich die Sheikh Zayed Road mit ihren Wolkenkratzern und das noch modernere Dubai.

Adresse Zabeel Park, Gate 4; 1/9 Sheikh Khalifa bin Zayed Rd | ÖPNV Metro (rot) bis Al Jafiliya, dann zehn Minuten Fußweg | Öffnungszeiten täglich 9–21 Uhr | Tipp Im Eintrittspreis für »The Frame« ist auch der Aufenthalt im 47,5 Hektar großen Zabeel Park inbegriffen. Seine drei Zonen sind mit Fußgängerbrücken verbunden, man kann aber auch mit einer Tram herumfahren.

45 Die Goldklasse

Stadtrundfahrt im Metro-Edelwaggon

So faszinierend Dubai auch ist, ein Besuch in der pulsierenden Metropole gestaltet sich nicht gerade günstig. Wer viel sehen und trotzdem die Reisekasse schonen möchte, löst ein Metro-Ticket. Während der Fahrt eröffnen sich Ein- und Ausblicke, die man aus einem Taxi oder Reisebus nie hätte. Denn die Strecke verläuft meist oberirdisch auf einem Viadukt.

Die Metro ist mehr als nur Transportmittel, dort spielt sich das Leben ab. Man wird wahllos mit den unterschiedlichsten Leuten in einem Abteil zusammengewürfelt und verbringt dann die nächsten Stationen miteinander, manchmal Nasenspitze an Nasenspitze. Gerade in dieser Multikulti-Stadt ist das hochspannend. Zwei Linien gibt es. Die rote fährt nahezu durch die gesamte Länge der Stadt: von Al Rashidiya im Nordosten bis zur Endstation UAE Exchange im Südwesten. Unterwegs passiert sie die Flughafenterminals, die Wolkenkratzer auf der Sheikh Zayed Road, den Burj Khalifa und mehrere Giga-Malls. Manche Details sieht man erst aus dieser Perspektive optimal, wie das spektakuläre Museum of the Future oder die Emirates Towers (an der Station World Trade Centre). Rund um den Creek verkehrt die kürzere grüne Line, in der es oft frisch nach Zitrusfrüchten duftet. Die Züge fahren autonom und ohne Fahrplan. Alle paar Minuten kommt eine neue Bahn. Wird es voller, erhöht sich die Frequenz automatisch. In die mittleren drei (von fünf) Waggons kann jeder einsteigen. Der hintere ist unübersehbar pink gekennzeichnet. Dort bleiben Frauen und Kinder unter sich.

Wer ins Edelabteil ganz an der Spitze des Zuges möchte, zahlt den doppelten Fahrpreis. Aber der ist moderat, und man sollte sich das Vergnügen unbedingt einmal gönnen. Nicht nur wegen der komfortableren Sitze in der Goldklasse und weil es deutlich leerer ist. Kein Fahrer versperrt die Sicht, deshalb kann man sich direkt vorn an der Scheibe postieren und entspannt das Panorama genießen.

Adresse rote und grüne Linie | **Öffnungszeiten** Sa–Mi 5–24 Uhr (grüne Linie: 5.30–24 Uhr), Do 5–14 Uhr, Fr 10–1 Uhr | **Tipp** Neben Essen und Trinken sind auch das Kaugummikauen und Schlafen in der Metro verboten. Wer dabei erwischt wird, muss bis zu 300 AED Strafe zahlen.

46 Das Gold on 27

Alles, was hier glänzt, ist Gold

Es ist seit mehr als 20 Jahren DAS Wahrzeichen Dubais. Und weit mehr als ein Hotel. Das Burj Al Arab auf seiner künstlichen Mini-Insel steht für den kometenhaften Aufstieg Dubais von einer wenig beachteten, kleinen Wüstenstadt zur Übermorgen-Metropole mit Glam-Faktor. Inzwischen ist die Dichte an Vier- und Fünf-Sterne-Hotels immens. Dennoch gilt das Burj Al Arab noch immer als Inbegriff des ultimativen Luxus. Man kann allerdings nicht einfach hineinspazieren. Denn an der Brücke, die zum ikonischen Turm in Form eines geblähten Segels führt, werden Schaulustige freundlich, aber bestimmt abgefangen. Wer jedoch eine Restaurant- oder Barreservierung vorweisen kann, darf passieren. Zum Beispiel zum Cocktailschlürfen im »Gold on 27«.

Die opulente Bar liegt im obersten Stockwerk, direkt unter dem Heli-Landeplatz. Nomen est omen: Die goldenen Fahrstuhltüren öffnen sich im 27. Stock. Man geht einen Gang mit vergoldeter Tapete, goldenen Lampen und golddurchwirktem Teppich entlang, vorbei am goldenen Tresen mit goldenen Barhockern, und nimmt unter einer goldenen, netzartigen Skulptur auf goldfarbenen Sesseln vor einem riesigen Panoramafenster Platz. Von dort aus hat man einen tollen Blick auf den Golf. Es macht aber auch Spaß, die anderen Gäste zu beobachten, die andächtig an ihren Getränken nippen, für Fotos posieren oder ausgelassen feiern.

Auf der Karte stehen Champagner, Wein und teilweise ausgefallene Cocktails sowie kleine Speisen. Dass auf den Austern neben Kaviar etwas Blattgold schimmert, überrascht an diesem Ort kaum. Für alle, die keinen Alkohol trinken und dennoch passend zum Ambiente anstoßen möchten, gibt es Gold Emotion. Das ist Apfelsaft mit 24-karätigem Blattgold, der in edlen Champagnergläsern serviert wird. Bei so viel Glanz müssten jetzt nur noch die stillen Örtchen mithalten. Und tatsächlich: Auch die Waschbecken strahlen golden. Wer könnte das toppen?!

Adresse Jumeirah St, GPS-Koordinaten 25°08'29.2"N 55°11'07.3"E | **ÖPNV** Metro (rot) bis First Abu Dhabi Bank, dann Taxi | **Öffnungszeiten** täglich 18–2 Uhr, Reservierung unter www.goldon27.com/reserve.htm | **Tipp** Das höchste stille Örtchen der Welt liegt im nicht minder berühmten Burj Khalifa. Es gehört zur Bar »The Lounge«, die sich dort von der 152. bis zur 154. Etage erstreckt. Um sie besuchen zu können, muss man ein Package buchen (www.burjkhalifa.ae/en/the-lounge).

47 __ The Green Planet
Der Indoor-Regenwald

Millionen blühender Blumen in einem einzigen Garten, Eisbahnen von olympischer Größe und sogar eine Skihalle – in Dubai gibt es viele Orte, die mehr als ungewöhnlich für das heiße Wüstenklima sind. Auch ein tropischer Regenwald gehört dazu. The Green Planet befindet sich in einem architektonisch beeindruckenden Bau. Dieser ist weiß, futuristisch und wirkt wie ein riesiger Origami-Würfel mit Luftlöchern, in dessen Inneres ein hoher Glaszylinder eingelassen ist. Darin wurde ein siebenstöckiges Ökosystem nachgebaut. Sein Zentrum bildet der weltgrößte künstliche Baum. Auf seinem Beton-Kern wachsen Tausende Rinden, Moose und Pflanzen, die sich ausgebreitet haben und inzwischen die gesamte Struktur überwuchern. The Green Planet zeigt Pflanzen- und Tierarten, die in Tropenwäldern heimisch sind. Die Auswahl konzentriert sich auf keinen bestimmten Regenwald. Deshalb gedeihen hier viele Spezies unter einem Dach, die man in der Natur nie gemeinsam vorfinden würde.

Der Rundgang beginnt ebenerdig bei riesigen Süßwasser-Aquarien, in denen unter anderem Piranhas, Welse und Pacus ihre Kreise ziehen. Dann geht es mit dem Fahrstuhl bis ganz nach oben. Von der Spitze des Baumes aus wandert man spiralförmig abwärts durch den Regenwald. Dabei begegnen den Besuchern kleine Affen, Leguane kreuzen den Weg, bunte Papageien fliegen umher, und dösende Faultiere liegen gemütlich auf Ästen. Kleine Brücken verbinden die äußere spiralförmige Rampe mit dem Baumstamm und ermöglichen unterschiedliche Perspektiven. Es gibt einen künstlichen Wasserfall, und an strategischen Punkten stehen Mitarbeiter, die Pflanzen erläutern und den Gästen Vögel, Schlangen, Insekten und andere Bewohner des Biodoms zeigen. Einige Tiere darf man anfassen, viele lassen sich bereitwillig fotografieren. Zum Schluss durchquert man den neuesten Teil, den Australian Walkabout, und lernt exotische Kreaturen aus dem Outback kennen.

Adresse City Walk, Ecke 20th St, Jumeirah, GPS-Koordinaten 25°12'22.3"N 55°15'37.6"E | **ÖPNV** Metro (rot) bis Dubai Mall/Burj Khalifa, dann 20 Minuten Fußweg oder Taxi | **Öffnungszeiten** So–Mi 10–19 Uhr, Do–Sa 10–20 Uhr | **Tipp** Im Café Secret Garden auf dem City Walk geht es sehr floral zu. Dort gibt es nicht nur super dekorierte Tee-spezialitäten, alkoholfreie Cocktails, Kaffee und jede Menge Desserts, Torten und Törtchen. Die Wände und die Decke sind mit Tausenden Blumen dekoriert. Eine tolle und sehr ungewöhnliche Kulisse.

48__Hatta

Schroffe Felsen, Funsport und ein klarer Bergsee

Eine Gebirgskette, eine riesige Talsperre und einsame Wege durch die Natur, auch das ist Dubai. Wandern, Mountainbiken, Paddeln und verschiedene Abenteuersportarten bieten dort Abwechslung zur quirligen Übermorgen-City.

In anderthalb Stunden Fahrzeit erreicht man Hatta mit dem Auto, von Bur Dubai aus fährt auch ein Bus. Der kleine Ort liegt am Fuß des mächtigen Hadschar-Gebirges. Dessen raue Felsformationen ziehen sich 450 Kilometer lang durch den Oman und bis ins Emirat Dubai. Täler, sogenannte Wadis, durchziehen die rauen Felsformationen.

Schon die Anfahrt ist ein Erlebnis. Zunächst erstreckt sich rechts und links der Autobahn eine flache, karge Landschaft. Immer mal wieder sieht man Kamele oder auch Oryx-Antilopen, die sich frei und gemächlich im Gelände bewegen. Ein Zaun schützt die Tiere vor den Autofahrern. 50 Kilometer vor Dubai verschwindet die Vegetation. Quasi direkt neben der Straße erheben sich nun beeindruckende Wüsten-Berge aus rötlichem Sand. Hierher kommen viele, um die bis zu 300 Meter hohen Dünen »Big Red« zu sehen. Aber auch ein kurzer Foto-Stopp lohnt unbedingt. Wenig später taucht am Horizont schon die zerklüftete Felskette des Hadschar-Gebirges auf. Per Luftlinie würde der Weg 20 Kilometer durch den Oman führen. Wegen der derzeit geschlossenen Grenze muss man einen Umweg machen. Doch die Strecke ist gut ausgeschildert.

Hatta liegt etwa 1.000 Meter hoch. Das Heritage Village zeigt, wie früher ein typisches emiratisches Dorf aussah. Im Inneren der rekonstruierten Häuser sind Szenen des täglichen Lebens nachgestellt. Das zentrale Fort mit seinen beiden Wachtürmen stammt aus dem Jahr 1896. Noch älter ist nur die Juma-Moschee (1780). Einen spannenden Kontrast bildet der mehr als 30 Meter hohe Hatta-Damm. Er liegt malerisch inmitten schroffer Berge und staut einen türkisfarbenen See. Dort kann man auch Kajaks und Tretboote ausleihen.

Adresse Dubai-Hatta Rd, Hatta | **ÖPNV** ab Station Deira Old Souk fährt alle drei Stunden ein Bus, Fahrtdauer circa 2,5 Stunden | **Anfahrt** am besten mit einem Leihwagen, um auch die Umgebung von Hatta zu erkunden: 611 ab Dubai, dann E12 nach Showka und den Schildern nach Hatta folgen (Achtung: direkte Route über die E44 derzeit geschlossen) | **Tipp** Für Wanderer und Mountainbiker hat das Hatta Mountainbike Trail Centre zahlreiche Streckenprofile erstellt. Diese können von der Homepage http://hattamtb.ae kostenlos heruntergeladen werden. Leih-Bikes sind zum Beispiel bei Showka Cycles in Showka (auf der E102, Sharjah Kalba Rd) verfügbar (Mi, Do 8–16 Uhr, Fr, Sa 6–16 Uhr, So 8–16 Uhr).

49__Der Hindu-Tempel

Einer der ältesten Orte in Dubai

In Bur Dubai gibt es zwischen Zentralmoschee und Creek ein ganz kleines Viertel innerhalb des Bur Dubai Old Souk. Wüsste man es nicht besser, könnte man annehmen, hier in Südindien zu sein. Bambusstangen sind über sehr enge Gassen gespannt. Daran hängen Traumfänger, die böse Geister vertreiben sollen, Blütenketten und farbige Gewänder. In dicht aneinandergedrängten Geschäften werden Blumen, kleine Figuren und Papierbildchen indischer Hindu-Gottheiten angeboten. Zum Beispiel von Brahma, dem Gott der Weisheit, dem friedensliebenden Vishnu, dem mächtigen und komplexen Shiva oder Ganesha, den man an seiner Elefantengestalt erkennt. In anderen Auslagen stehen Teller mit Süßigkeiten, Früchten, Gewürzen, Blumen und Wasser. Gate 1 ist der Eingang zum Shiva Temple & Guru Darbar. Er existiert seit 1958 – also lange bevor der Bauboom in Dubai begann.

Hindu-Tempel werden barfuß betreten. Auf der Gasse steht ein großes Holzregal, in dem Schuhe auf ihre Besitzer warten. Ein großer Haufen Latschen, Sandalen, Pumps und Slipper liegt davor. Über eine steile Treppe geht es ins Haus, durch eine schwere Tür, dann durch einen Gang. Dort öffnet man eine weitere Tür und steht in einer großen, gefliesten Halle. Gesänge und rhythmisches Trommelschlagen erklingen. An den Wänden hängen Bilder von Gottheiten und Landschaften, dazwischen rotieren Ventilatoren. Eine große Bahnhofsuhr tickt. Hinter einem Counter gibt es Schreine mit weiteren Götterbildnissen, einem Shiva-Altar, Girlanden und Lichterketten. Dort beten die Gläubigen und geben die gerade erworbenen Opfergaben ab. Blumenketten, meist aus gelben Tagetes, Rosen und Jasmin, werden über Bilder oder die Tür gehängt. Auf der anderen Seite des Saales steht ein weiterer Altar für Krishna. Im Hinduismus gibt es keine Vorschrift, welcher Gott der »richtige« oder der höchste ist. Rund 300 Millionen Götter stehen zur Auswahl.

Adresse Shiva Mandir & Krishna Mandir, im Meena Mazar nahe der Zentralmoschee, Ali Bin Abi Taleb St, 62A Street, Bur Dubai, Gate Nr. 1 | **ÖPNV** Metro (grün) bis Al Fahidi oder Al Ghubaiba | **Öffnungszeiten** täglich 6–12.30 und 16.30–22 Uhr, Gebetszeiten 6, 12.30, 16.30, 22 Uhr | **Tipp** Das direkte Umfeld wird gern als Curry Corridor bezeichnet, hier gibt es sehr günstiges indisches und pakistanisches Streetfood. Auch das Dubai Museum ist nur fünf Minuten Fußweg entfernt (Ali Bin Abi Taleb St/Al Fahidi St).

50__ Das höchste Atrium

Wo 2.000 Quadratmeter Blattgold schimmern

Sein Name bedeutet »Turm der Araber«. Das Burj al Arab, Dubais berühmtestes Gebäude, steht auf seiner eigenen künstlichen Insel, 280 Meter vom Festland entfernt. Es ist nicht zufällig ein Blickfang, sondern war von vornherein als Ikone geplant, als Wahrzeichen, so wie die Oper für Sydney oder der Eiffelturm für Paris. Seit seiner Eröffnung hat die Luxusherberge tatsächlich absoluten Kultstatus. Und seine prägnante Segel-Form wird weltweit erkannt.

Die Pracht von innen bewundern kann nur, wer Hotelgast in einer der 202 Suiten ist oder eine Reservierung in einem Restaurant oder einer Bar vorweisen kann. Das Design ist sehr komplex, es beruht aber auf einer einfachen Idee: den vier Elementen. Vor dem Hotel lodert Feuer, Erde findet sich im Marmor, Granit und in Halbedelsteinen. Der Nebel der sprudelnden Kaskaden im Eingangsbereich steht für Luft, und Wasser findet sich an vielen Stellen des gesamten Hauses. Auch durch die gesamte Eingangshalle zieht sich das Meeresthema wie ein roter Faden. Dort plätschern mehrere Springbrunnen und Wasserspiele. Von der muschelförmigen Rezeption aus gleiten Rolltreppen in die eigentliche Lobby – vorbei an hohen Aquarien, in denen bunte Fische um Korallenriffe schwimmen.

Selbst wenn man sich weltmännisch geben und nicht zu offen in kindliche Begeisterung verfallen möchte, legt man im Atrium unweigerlich den Kopf in den Nacken. Der imposante Raum in Blau, Weiß und Gold öffnet sich nach oben zu einem gleichschenkligen Dreieck. An zwei Seiten liegen Gänge, die zu den Suiten führen. Die dritte ist der eleganten Segelbespannung aus Fiberglas vorbehalten. Mehr als 180 Meter ist das Atrium hoch. Die New Yorker Freiheitsstatue würde also samt ausgestrecktem Arm und Fackel zweimal übereinander hineinpassen. Säulen, Wände und Decken wurden auf 2.000 Quadratmetern Oberfläche mit 22-karätigem Blattgold verziert. Das sind ganze vier Basketballkörbe voller Blattgold!

Adresse Jumeirah St | **ÖPNV** Metro (rot) bis Mall of the Emirates, dann Taxi | **Tipp**
Im Atrium kann man nicht nur Gold anschauen, sondern auch schlürfen. Die Sahn
Eddar Lounge bietet den Ultimate Gold Cappuccino an, der mit hauchzarten Gold-
flocken garniert ist. Dazu gibt es ein ebenfalls mit Goldpulver bestreutes Marshmallow.
Das exklusive Arrangement kostet umgerechnet rund 22 Euro.

51__Das Hofbräuhaus
O'zapft is

»In München steht ein Hofbräuhaus …« Und auch in Dubai. Dort gibt es das älteste Hofbräuhaus außerhalb Bayerns. 1993 öffnete es seine Pforten. Angesichts des Klimas, arabischer Traditionen und 6.000 Kilometern Entfernung zu München eigentlich unvorstellbar, aber man kann tatsächlich zu authentischem Essen und Trinken in typisch bayerischem Ambiente einkehren. Weil Alkohol und Schweinefleisch nicht an muslimische Gäste verkauft werden dürfen, liegt das Hofbräuhaus innerhalb eines Hotels. Ein klassisches Wirtshausschild weist den Weg zum Eingang im ersten Stock. Die Kellnerinnen servieren stilecht im Dirndl, der rustikale Schankraum mit seinen Holzbänken und weiß-blau karierten Tischdecken könnte auch in Oberbayern stehen. Der große kupferne Sudkessel ist nur eine Attrappe, aber immerhin. Im Schrank des Vorraumes sind, wie im Münchner Original, die Maßkrüge von Stammgästen angeschlossen. Sie dürfen nur von ihren Besitzern benutzt werden. Die anderen trinken ihr Münchner Hell oder Hefeweizen aus großen Glaskrügen – perfekt gezapft und mit Originalgeschmack.

Auf der Speisekarte steht Typisches: von der Brez'n über Obatzda, Schnitzel und Hax'n bis zu Weiß- und Nürnberger Rostbratwürst'ln. Für die Küche ist das eine Herausforderung. Denn die Verarbeitung von Schweinefleisch unterliegt strengen Auflagen. Deshalb gibt es eine separate Küche, in der alles speziell zubereitet wird. Messer, Schneidebretter, Töpfe, alles gibt es doppelt.

Die Gäste sind so vielfältig wie die Einwohner im Emirat. Viele waren schon mal in Deutschland und haben genaue Vorstellungen. Sie wollen bayerische Brauereitradition und »German Gemütlichkeit«. Für deutsche Expats ist das Hofbräuhaus oft ein Stückchen Heimat in der Ferne. Man trifft sich (gern auch mal in Tracht), trinkt gemeinsam eine Maß und feiert zünftige Traditionen rund um das Bier, wie das Maibock- und das Oktoberfest.

Adresse im JW Marriott, 1. Etage, Fahrstuhl R, Deira, Abu Baker Al Siddique Road |
ÖPNV Metro (grün) bis Abu Baker Al Siddique, dann zehn Minuten Fußweg | **Öffnungs-**
zeiten täglich 18–2, Fr zusätzlich 12–16 Uhr, Happy Hour: täglich 18–19.30 Uhr |
Tipp Das Brothaus bäckt täglich deutsche und österreichische Brotspezialitäten, Mehr-
kornbrötchen und westliche Backwaren (Steigenberger Business Bay, Marasi Dr, Metro rot
(Business Bay), geöffnet Sa–Mi 7.30–23 Uhr, Do–Fr 7.30–1 Uhr).

52 Der Inselmacher

Ein Kanal mit Uferpromenade statt trockener Wüste

Wer am Dubai Water Canal entlangspaziert, hat vieles im Blick: die beeindruckende Skyline, die außergewöhnlichen Brücken, das gemächlich dahintreibende Gewässer. Aber kaum jemand macht sich Gedanken darüber, dass an dieser Stelle noch vor wenigen Jahren Wüste war. Von Natur aus hat die Stadt keine Flüsse, der Persische Golf bildet aber eine fjordartige Meerwasserbucht. In den 1960er und 1970er Jahren wurde dieser 14 Kilometer lange Wasserlauf ausgebaggert. Seitdem konnten ihn große Schiffe befahren. Doch der Creek endete an der bewaldeten Lagune Ras al Khor. Damit neu gebaute Stadtviertel nicht in öden Gegenden liegen, wurde in Etappen über eine Strecke von zwölf Kilometern eine Verlängerung gegraben. Sie erstreckt sich vom alten Teil der Stadt, vorbei an Downtown bis zur Business Bay. Von dort führt der Kanal unter der Sheikh Zayed Road hindurch, bis nach Al Wasl und Jumeirah. Hier mündet er in den Golf und macht mehrere Stadtteile damit zu einer Insel.

Was sich so simpel liest, war eins der größten, ehrgeizigsten und teuersten Bauvorhaben. Scheich Mohammed bin Rashid al Maktoum, der Herrscher Dubais und Vizepräsident der Vereinigten Arabische Emirate, finanzierte sie persönlich. Allein die letzten 3,2 Kilometer von der Business Bay bis zum Meer kosteten umgerechnet eine Dreiviertelmilliarde Euro. Ganze drei Millionen Kubikmeter Erdreich wurden bis zu sieben Meter tief und 80 bis 120 Meter breit ausgeschachtet. Sattelschlepper fuhren das Material zur Küste, wo es für den Bau einer neuen Halbinsel aufgeschüttet und verdichtet wurde. Die Kanalsohle ist vollständig mit Betonblöcken gepflastert, für die ganze 150.000 Tonnen Zement verbraucht wurden. Zu Spitzenzeiten arbeiteten fast 5.000 Menschen gleichzeitig auf der Baustelle. Schließlich musste der Kanal noch geflutet werden. Nach sagenhaften 20 Millionen Arbeitsstunden hieß es im November 2016 endlich: Wasser marsch!

Adresse zwischen Sheikh Zayed Road und Jumeirah Street, GPS-Koordinaten 25°11'16.2"N 55°14'56.5"E | **ÖPNV** Metro (rot) bis Business Bay, dann circa sieben Minuten Fußweg bis zum Kanal | **Tipp** Am Weg entlang des Kanals gibt es zahlreiche Sitzgelegenheiten, an denen man kostenlos das Smartphone oder die Kamera laden kann.

53 Das iScream

Die etwas andere Eisdiele

Die Sommer in Dubai sind lang und heiß. Und selbst im Winter strahlt die Sonne meist warm vom blauen Himmel. Beste Zeit für ein erfrischendes Eis ist also: immer. Doch Dubai wäre nicht Dubai, wenn es hier statt Vanille, Schoko und Erdbeere nicht auch bunter, ausgefallener und spezieller ginge. In vielen Eisdielen gibt es ungewöhnliche Sorten, in denen besondere Ingredienzen kreativ kombiniert sind. Wie im iScream.

Bei diesem Namen hat man automatisch eine Melodie im Kopf: »I Scream, You Scream, We All Scream for Ice Cream …« (Ich schreie, du schreist, wir alle schreien nach Eiscreme). 1922 ließ sich der Amerikaner Christian K. Nelson das erste Eis am Stiel patentieren, den Temptation I-Scream Bar. Er verkaufte es in seinem Shop in Iowa und erfand den griffigen Slogan. Das Geschäft lief super, und schon fünf Jahre später kam ein gleichnamiger Song heraus. Er wurde zu einem Dixieland-Klassiker, den auch Woody Allen in seinem Soundtrack für den Film »Sleeper« (1973) nutzte. Und wer Jim Jarmuschs Klassiker »Down by Law« (1986) gesehen hat, erinnert sich garantiert an die berühmte Szene, in der John Lurie, Tom Waits und Roberto Benigni in der Gefängniszelle erst zaghaft und dann ganz fordernd »I scream, you scream, we all scream for ice cream« skandieren.

Dubais iScream liegt auf »The Warf«, einer künstlich geschaffenen Halbinsel des Strandviertels La Mer am Jumeirah Beach. Neben klassischen Kugeln geht es hier vor allem um kreatives Anrichten und schräge Kombinationen. Für die Eis-Tagliatelle werden Crêpes gebacken und zu langen Streifen geschnitten. Darauf kommt eine Kugel Eis nach Wahl und eine Soße. Beim Burrito umhüllt knallbunte Zuckerwatte den Inhalt, das Ganze ist mit Zuckerplättchen bestreut. Neben den klassischen Geschmacksrichtungen gibt es zum Beispiel Tabbouleh, Curry, Lotus, Ketchup, Wasabi, Erdnuss Therapie, Schwarzen Sesam oder Matcha.

Adresse La Mer, The Wharf, Jumeirah St | **ÖPNV** Metro (rot) bis Business Bay Station (Seaside), dann Bus 9 bis Century Plaza (12 Stationen) und fünf Minuten Fußweg | **Öffnungszeiten** täglich 10–1 Uhr | **Tipp** Direkt um die Ecke liegt Hawa Hawa, das sind mehrere aufblasbare Dünen mit Tälern, auf denen Besucher jeden Alters hüpfen können (La Mer Beach, geöffnet täglich 10–22 Uhr).

54 Das Jameel Arts Centre
Der Hotspot für moderne Kunst

Museen sind oft wie Heiligtümer: Orte, denen man sich mit Ehrfurcht nähert. An denen man eine gewisse Schwellenangst überwinden muss und an denen die Eintrittspreise oft richtige Löcher ins Budget reißen. Das Jameel Arts Center ist erfreulich anders. Die unabhängige Institution für zeitgenössische Kunst bietet spannende Ausstellungen, Videos, den Rahmen für Kulturveranstaltungen und eine frei zugängliche Forschungsbibliothek. Der Fokus liegt vor allem auf Künstlern und kulturellen Bewegungen der arabischen Welt, der Eintritt ist frei.

Der weitläufige weiße Komplex liegt auf einer künstlich geschaffenen Insel an der Jaddaf Waterfront. Er nimmt sich angenehm zurück, um der Kunst die große Bühne zu überlassen, und wirkt durch seine weißen, asymmetrisch zusammengesetzten Kuben, große Glasfronten und schmale, horizontale Fensterbänder dennoch sehr stylish. Die Gartenhöfe und umlaufenden Kolonnaden bieten den Besuchern vielfältige, spannende Räume und Blickachsen. Vor dem Komplex an der Uferpromenade zum Creek erstreckt sich ein Skulpturenpark, ein idealer Ort für eine entspannte Pause.

Thematisch kuratierte Gruppenausstellungen und Soloshows junger, aber auch etablierter Künstlerinnen und Künstler werden in insgesamt zehn Galerien präsentiert. Jede ist in Größe und Charakter einzigartig, ob die Lobbyfläche, die Projekt- und Künstlerräume oder die Dachterrasse, auf der Veranstaltungen stattfinden und Filme gezeigt werden. Beim Gang durch das Jameel Arts Centre passieren die Besucher nacheinander sieben Gartenhöfe. Sie wurden von der Schweizer Landschaftsarchitektin Anouk Vogel gestaltet. Hier finden sich Pflanzen aus allen Wüsten der Welt, darunter sind sehr seltene und alte Exemplare. Viele der Gewächse sehen selbst wie Kunstwerke aus. Ihre außergewöhnlichen Formen resultieren aus ihrer Fähigkeit, sich an extremste Lebensbedingungen anzupassen.

Adresse Jaddaf Waterfront, GPS-Koordinaten 25°13'44.7"N 55°20'25.4"E | **ÖPNV** Metro (grün) bis Al Jaddaf | **Öffnungszeiten** Sa–Mo, Mi–Do 10–20 Uhr, Fr 12–22 Uhr, Di geschlossen | **Tipp** Ganz in der Nähe liegt der größte Vertical Garden der Vereinigten Arabischen Emirate. Er ist 210 Meter lang und sechs Meter hoch. Damit die 80.000 Pflanzen die extremen Temperaturen in den Sommermonaten überstehen, stecken sie in sogenannten Zuchtsäckchen, die mit Torfsubstraten gefüllt sind (Living Green Wall, Al Jaddaf Waterfront).

55 Die Kamel-Farm
Streicheleinheiten der besonderen Art

Rund 3.000 Kamele leben in den Vereinigten Arabischen Emiraten. Die Überlebenskünstler sind perfekt an die extremen Bedingungen in der Wüste angepasst. 100 Liter Wasser trinken sie in wenigen Minuten, ihre Körpertemperatur können sie um bis zu neun Grad regulieren und Energie in ihren Höckern (einer beim Dromedar, zwei beim Trampeltier) speichern. Sie schleppen bis zu 300 Kilogramm, sind stolz, geduldig und gutmütig. Aber sind sie auch geeignet zum Streicheln, Knuddeln und Umarmen? »Unbedingt«, sagt Viviane Paturel-Mazot. Die Französin wohnt seit mehr als einem Jahrzehnt in Dubai, ist die Managerin, umsichtige Gastgeberin und gute Seele von The Camel Farm. An diesem sympathischen Ort, rund eine halbe Stunde Fahrzeit vom Stadtzentrum entfernt, lernen Gäste die Wüstentiere von einer ungewöhnlichen Seite kennen.

Rund 30 Kamele leben auf der Farm, einige werden für den Camel Trek trainiert. Diese mehr als 500 Kilometer lange Karawane findet jedes Jahr statt und dauert elf Tage.

Viviane kennt alle Kamele und ihre Eigenheiten. Manche sind freundlicher, andere eigensinniger und einige ganz besonders anschmiegsam. Sie warten in einem Zelt auf Besucher, die zum Knuddeln, der »Hug Therapy«, kommen. Zuerst trauen sich die Leute oft nicht recht ran. Aber wenn sie sich erst einmal überwunden und die Arme um den warmen Hals des Tieres gelegt haben, würden sie am liebsten immer weiterstreicheln und kraulen. Die Tiere lassen sich das nicht nur geduldig gefallen, sondern scheinen die Zuwendung sogar richtig zu genießen.

Auf dem Gelände gibt es auch Schafe, Ziegen, Hühner, Gänse und Kaninchen. Man kann Ausritte in die Wüste machen oder auf dem Gelände ausprobieren, wie es sich auf einem Kamelrücken sitzt. Die Gäste sind eingeladen, beim Füttern der Tiere zuzuschauen oder mitzumachen. Und anschließend auf großen Beduinenteppichen zu sitzen, um Karak (Gewürztee) oder Kamelmilch zu trinken.

Adresse an der Straße E77 in Richtung Norden zwischen der D6 (Al Qudra Rd) und der E66 (Al Ain Rd), GPS-Koordinaten 24°57'17.7"N 55°25'20.1"E | **Anfahrt** die Ausfahrt der E77 befindet sich 500 Meter nach der braunen Beschilderung zur Truck Rest Area, dann zwei Kilometer auf einem kleinen, festen Sandweg den zehn großen Fahnenmasten mit dem Logo der Kamelfarm folgen | **Tipp** Wer mal einen Kamelmarkt besuchen möchte, ganz in der Nähe gibt es einen: Al Lisaili Veterinary & Camel Market, Al Ain Road Exit Nr 37, Al Lisaili (täglich 7–22 Uhr, während des Ramadans 9–22 Uhr).

56 Der Khan Murjan Souk
Der arabische Markt in einer ägyptischen Pyramide

In einer ohnehin besonderen Mall versteckt sich ein kleines Juwel: der Khan Murjan Souk. Er ist inspiriert vom ältesten Gasthaus Bagdads, das seit dem Spätmittelalter existiert. Über die Jahrhunderte logierten viele Handelsreisende, aber auch die Gelehrten der Universität in dem prächtigen Steingebäude. Das Besondere an ihm war, dass sich die Räume auf zwei Etagen um einen länglichen, gepflasterten Innenhof verteilten, sowie sein hohes Gewölbe mit kunstvollen Zinnen-Bögen und ornamental durchbrochenen Fenstern.

Das Äquivalent in Dubai kann zwar nicht auf eine jahrhundertelange Geschichte zurückblicken. Dennoch würdigt es seinen historischen Bruder sehr charmant. Und kombiniert dessen einzigartige Architektur mit besonderen Elementen. Der Khan Murjan Souk liegt in der Wafi Mall. Diese sticht aus all den Einkaufszentren Dubais heraus, weil sie das alte Ägypten feiert. Sie ist in Form einer riesigen Pyramide gebaut, ihren Eingang flankieren steinerne Pharaonen, Wächter und Obelisken. Das großzügige Atrium wird von einem Stilmix aus üppigen Säulen, langen Rolltreppen, einem riesigen Teppich und der extravagant bemalten Glasspitze der Pyramide beherrscht. Mehr als 250 Shops, ein gut sortierter Hypermarkt und ein Foodcourt erwarten die Besucher.

Der Khan Murjan Souk erstreckt sich über zwei Etagen. Interessanterweise gibt es, wie beim Original, zwar ein Tonnengewölbe, doch wird dieses hier von einer bunt bemalten Glasdecke überspannt. Sie ist eine der größten Buntglasdecken der Welt. Insgesamt locken 125 Geschäfte in ägyptisch, marokkanisch, syrisch und türkisch inspirierten Sektionen. Seine vielen aufwendigen Details reichen von geschnitzten Holzbalkonen mit arabischen Spitzbögen über orientalische Wandlaternen bis hin zu farbenfrohen Kacheln. Selbst wenn man gerade nicht in Shoppinglaune ist, lohnt es, gemütlich die langen Gänge entlangzuschlendern und das geschäftige Treiben zu beobachten.

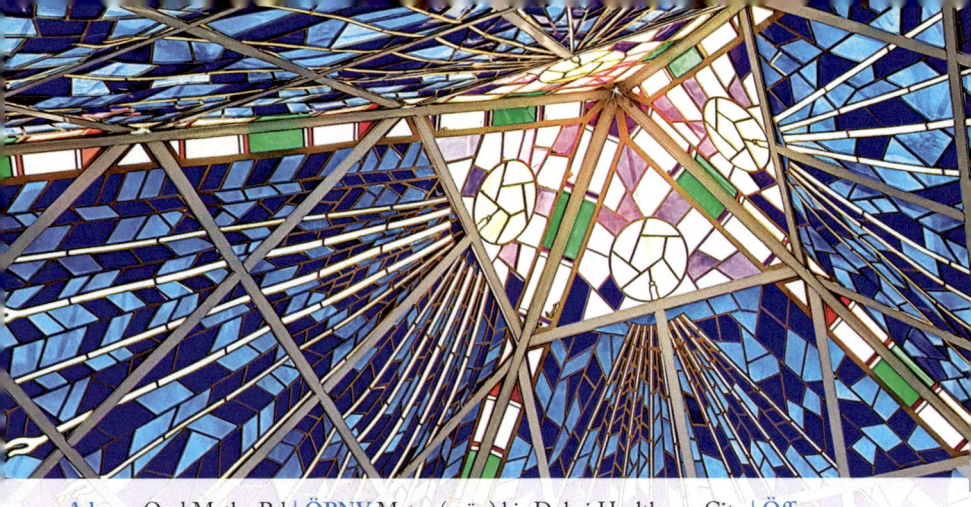

Adresse Oud Metha Rd | **ÖPNV** Metro (grün) bis Dubai Healthcare City | **Öffnungs-
zeiten** Sa–Mi 10–22 Uhr, Do–Fr 10–24 Uhr | **Tipp** In der Wafi Mall gibt es einen
18-Loch-Schwarzlicht-Minigolf-Parcours. Dieser ist vom Food Court in Level 1 aus
erreichbar (Tee & Putt, WAFI Mall, Level 1, Food Court, geöffnet Sa–Mi 10–22 Uhr,
Do, Fr 20–24 Uhr).

57 Das Kirchen-Viertel

Wo verschiedene Religionen Seite an Seite beten

Staatsreligion in Dubai ist der Islam. Dennoch werden Angehörige anderer Religionen und Kulturen toleriert und nicht an der Praktizierung ihres jeweiligen Glaubens gehindert. Vor einigen Jahren wurde sogar ein Anti-Diskriminierungsgesetz erlassen, das die Herabwürdigung und Beleidigung aller Religionen verbietet – bei empfindlichen Strafen.

Nach offiziellen Angaben sind 76 Prozent der Gesamtbevölkerung Muslime, neun Prozent Christen, und 15 Prozent gehören anderen Religionen an, die meisten von ihnen dem Hinduismus. Die hohe Zahl der Nichtmuslime ergibt sich vor allem durch den hohen Gastarbeiteranteil aus Indien, Pakistan, den Philippinen und Nordafrika. Wenn diese zum Arbeiten nach Dubai kommen, bleiben ihre Familien in der Regel in den Heimatländern. In den Kirchen und Tempeln treffen sie Landsleute, können Kontakte knüpfen und finden eine vorübergehende Gemeinschaft. Deshalb sind die Einrichtungen für sie elementar wichtige Begegnungsstätten.

In Jebel Ali gibt es aber eine Besonderheit. Dort liegen acht unterschiedliche Gotteshäuser in unmittelbarer Nähe. Im Jahr 1998 hatte die Regierung von Dubai ein Stück Land im Süden zur Verfügung gestellt, auf dem nacheinander all diese Gebäude errichtet wurden. Dazu zählen eine katholische und eine evangelische, eine griechisch- und eine koptisch-orthodoxe Kirche sowie die neuapostolische Christ Church. Außerdem gibt es eine Kathedrale der altorientalischen Malankara Syrisch-Orthodoxen Kirche, eine Dependance der Mar Thoma Church sowie den Gurunanak-Darbar-Sikh-Tempel. Direkt vor den Gebäuden gibt es zahlreiche Parkplätze, damit die Menschen in den heißen Sommermonaten nicht lange laufen müssen. Der Kontakt der Gemeinden untereinander ist nicht groß. Doch für die erstaunliche Integration ihrer Religion sind alle dankbar. Deshalb wird Dubais Herrscherfamilie Al Maktoum ganz selbstverständlich in die täglichen Fürbitten eingeschlossen.

Adresse Al-Muntazah-Viertel, Jebel Ali, GPS-Koordinaten 25°01'35.4"N 55°06'53.3"E | **ÖPNV** Metro (rot) bis Ibn Battuta Mall, dann ab Metro Bus Stop 3 mit Bus F44 bis Gurunanak Darbar Sikh Temple fahren, oder: Metro (rot) bis Energy, dann 15-minütiger Fußweg | **Tipp** Wer nach der Besichtigungstour müde Füße hat, kann sie bei Feet First in der Ibn Battuta Mall (India Court) professionell massieren lassen. Dort werden auch spezielle Jetlag-Fußmassagen angeboten (So–Mi 10–22 Uhr, Do–Sa 10–24 Uhr).

58 Die Klippenspringer

Das Einfachste ist oft das Beste

Mehr als 60 Millionen Menschen besuchen die Dubai Mall pro Jahr, das entspricht in etwa der Einwohnerzahl Italiens. Sie alle nutzen die gleichen Wege, fahren mit einigen der 150 Rolltreppen und 95 Aufzüge und möchten etwas erleben. Viele haben auch das Bedürfnis, zwischendurch mal auszuruhen, sich in einem der vielen Cafés und Restaurants zu stärken oder die Hände zu waschen. Das alles klappt logistisch beeindruckend perfekt. Doch in einem so großen Gebäude braucht es auch markante Ankerpunkte, damit man sich verabreden oder wiedertreffen kann. Klug setzten die Planer auf Wasser, denn fast niemand kann sich seiner Faszination entziehen. Überall auf der Welt entspannen Menschen instinktiv, wenn sie aufs Wasser schauen. Es vermittelt ein Gefühl von Geborgenheit, Freiheit und Harmonie. Beruhigender ist nur sanftes Plätschern, das stärker wirkt als jede Meditationsmusik.

Deshalb wurde am Eingang zur Waterfront Promenade ein großer Wasserfall installiert – quasi als Erweiterung des Burj-Sees, auf dem 14 Mal pro Tag die berühmten Aqua-Shows stattfinden. Zwei 30 Meter breite, sanft gewölbte Flächen erstrecken sich über alle Etagen – sie sind 24 Meter hoch. An ihnen fällt in nie endenden dichten, feinen Fäden kühles Nass herab.

Highlight und beliebtes Fotomotiv sind eine Reihe identischer Fiberglas-Figuren, die nach einem strengen grafischen Muster auf Stäben vor den Kaskaden befestigt sind. Diese stilisierten Klippenspringer mit ihren silbrig-glänzenden, athletischen Körpern passen optimal hierher. Aus jeder Etage wirken sie anders, und aus dem richtigen Winkel scheint es tatsächlich, als würden sich die muskulösen Körper mit perfekter Körperhaltung geradewegs in die Fluten stürzen. Dabei sind sie keine ausgefallenen Kreationen eines Künstlers. Die Gestalter aus Singapur haben sie ganz einfach als Deko am Reißbrett (oder besser auf dem Computer) entwickelt. Das Einfachste ist eben manchmal das Beste.

Adresse Dubai Mall, Eingang von der Waterfront Promenade aus ÖPNV Metro (rot) bis Burj Khalifa/Dubai Mall | **Öffnungszeiten** täglich 11 – 1 Uhr | **Tipp** Gegenüber dem Aquarium liegt einer der größten Süßigkeitenläden weltweit. In dem knallbunten Geschäft werden mehr als 5.500 unterschiedliche Arten Candy, Schokolade, Gummi, Gelee und Lollis verkauft (Candylicious, Ground level).

59__Der Kushti-Platz

Wo Sandringer Sieger küren

Jeden Freitag kurz vor Sonnenuntergang wird ein unspektakulärer Sandplatz im quirligen Stadtteil Deira zur Arena der Champions. Dann ist dort Kushti-Zeit. Mehrere hundert südasiatische Gastarbeiter steuern das Gelände zielsicher an: Helfer vom nahen Waterfront Fishmarket, Taxifahrer, Bauarbeiter. Viele von ihnen tragen Tuniken, andere Jeans und T-Shirt oder auch Handwerkerkleidung. Fast alle sind indischer oder pakistanischer Herkunft. In der Grenzregion Punjab gilt das Kushti, eine traditionelle Wrestling-Art, als beliebter Zeitvertreib.

Die Menschen formen einen großen Kreis mit mehreren Reihen. Einige befeuchten den trockenen Boden mit Wasser, damit er nicht zu sehr staubt. Die Kämpfer (Pehlwans) ziehen sich bis auf die Unterwäsche aus und legen einen farbigen Lendenschurz an. Dann betritt ein älterer Mann mit buntem Stock die Arena, der Ringrichter. Er ruft Namen von Sportlern auf, die unter Dudelsackspiel, Gejohle und Applaus zur Mitte tanzen, hüpfen und rennen. Je nach ihrem Können werden sie einander zugeteilt. Während der Schiedsrichter die Regeln erklärt, werfen sich die Kontrahenten Sand auf Schultern, Bauch und Rücken – gegen den Schweiß. Dann beginnt der Fight unter den Anfeuerungsrufen der aufgeregten Menge.

Auch wenn nicht alle Pehlwans Modelmaße haben, nehmen sie das Kushti sehr ernst und leben nach strikten Regeln. Sie trainieren viel, verzichten auf Rauchen, Alkohol und Sex und ernähren sich streng vegetarisch. Das Ziel des Kushti ist, den Gegner auf den Rücken zu werfen und ihn dort zwei Sekunden lang zu halten. Die Runden sind kurz, viele dauern nicht mal eine Minute. Der Gewinner des Abends geht am Ende durch die Reihen, sammelt von den Besuchern etwas Geld ein und wird gefeiert. Doch sobald die Sonne untergeht und der Muezzin die Gläubigen zum Mahgreb, dem vierten Gebet des Tages, ruft, löst sich die Menschenmenge so schnell auf, wie sie zusammengekommen war.

Adresse Sandplatz hinter dem Hyatt Regency, Al Khaleej Rd, Deira | **ÖPNV** Metro (grün) bis Deira, zehn Minuten Fußweg | **Öffnungszeiten** Kämpfe freitags eine halbe Stunde vor Sonnenuntergang | **Tipp** Ganz in der Nähe gibt es ein sehr gutes pakistanisches Restaurant, in dem Rinderhirn, Leber, Nieren, Hoden und Gänseherzen, Gemüse, Tomaten, Paprika und Kräuter zum Traditionsgericht Kata Kat werden. Die Zubereitung dauert eine halbe Stunde (Muhammad Faisal Restaurant, 20th Street, Al Khabaisi; Metro (grün) bis Deira City Centre, von dort einen Kilometer über die Al Ittihad Rd zu Fuß).

60__La Mer

Frisch, frech und ein Hauch von Industrie-Feeling

Durch künstlich angelegte Inseln hat Dubai seine ohnehin tolle Küste um 100 Kilometer verlängert und viele zusätzliche Strände geschaffen – oder sogar ganze Stadtviertel. Wie La Mer in Jumeirah 1. An diesem neuen Beach Spot trifft modernes Design auf Industrie-Charme. Angenehm ist vor allem, dass Urlauber hier gemütlich flanieren können. Das ist im ansonsten nicht gerade fußgänger-freundlichen Dubai ein echtes Highlight.

La Mer erstreckt sich entlang eines zweieinhalb Kilometer langen, feinen Sandstrandes mit einer neuen Halbinsel sowie zwei dadurch entstandenen Buchten. North und South Beach wirken lässig und verströmen kalifornisches Feeling. Statt einer Wolkenkratzer-Parade gibt es ein- bis zweistöckige moderne Bauten mit viel Holz, eine breite, palmengesäumte Promenade, Grünflächen, einen Wasserpark und viele Freizeitangebote.

Wie überall in Dubai ist der Strand auch hier sehr gepflegt. Alles, was man für einen perfekten Tag am Wasser braucht, kann ausgeliehen werden: von Liegestühlen über Sonnenschirme bis zu Handtüchern. Duschkabinen und Toiletten sind in knallbunten Strandhäusern aus Holz untergebracht. Das Zentrum »The Wharf« liegt auf einer künstlichen Halbinsel. Seine niedrigen Gebäude, die Street-Art, Eisenpoller und -träger, die Leuchtreklame und nostalgischen Uhrentürme nehmen den Spirit amerikanischen Industrial Designs auf. Dekorativ sind Treibholz, verrostete Anker oder Fässer platziert. Sogar Straßenbahnschienen wurden ins Pflaster eingelassen. Mehr als 100 Restaurants, Cafés und Shops laden zum Bummeln ein und sind oft selbst kleine Attraktionen.

Quasi aus jedem Winkel und in jede Richtung lassen sich in La Mer tolle Fotos schießen. Während in den Wintermonaten auch tagsüber viel los ist, verschiebt sich der Andrang in den heißen Sommermonaten auf den Abend. Dann wird das Viertel von zahllosen Leuchtketten, Laternen und Lampen stimmungsvoll angestrahlt.

Adresse La Mer, The Wharf, Jumeirah Public Beach, Jumeirah St | **ÖPNV** Metro (rot) bis Business Bay Station (Seaside), dann Bus 9 bis Century Plaza (zwölf Stationen) und fünf Minuten Fußweg, GPS-Koordinaten 25°13'43.3"N 55°15'29.7"E | **Öffnungszeiten** So–Do 10–22 Uhr, Fr, Sa 10–24 Uhr | **Tipp** Das »Masti« ist ein besonders netter Lunch- oder Dinner-Ort. Der Name bedeutet auf Hindi »Spaß haben«. Hat man dort auch. Das stylishe Innere wirkt wie ein Mix aus Urban Jungle, Marmor und Messing, auf der Dachterrasse sitzt man zur Cocktailstunde auch super. Das Essen ist indisch inspirierte Global Cuisine – kreativ und gut (Street 2A, Jumeirah Rd, La Mer South).

61__La Perle

Grandiose Wasser-Show wäre maßlos untertrieben

Wie beschreibt man eine der außergewöhnlichsten Shows überhaupt? Als perfekten Live-Zirkus? Oder als rasante Aqua-Show? Beides klingt kitschig-banal und würde der Klasse der Performance in keiner Weise gerecht werden. Auf jeden Fall aber ist La Perle ein spektakuläres Gesamtkunstwerk, für das eigens ein großes Theater gebaut wurde. Es liegt in der Al Habtoor City, direkt an der Wasserfallbrücke des Dubai-Kanals. Seine Architektur ist aber nicht einfach ein Raum, der den Rahmen bietet, sondern ein elementarer Teil der Performance.

Der Zuschauersaal ist wie eine Arena aufgebaut. Von jedem Platz aus hat man gute Sicht. Aus insgesamt 15 Reihen blicken die Zuschauer zu einem runden Pool in der Mitte. Sobald die Vorstellung beginnt, verschmelzen dieser, die Hightech-Bühne, der Rundhorizont und die Decke zu einer einzigen Fläche. Eine stimmungsvolle Musik ertönt, Licht tanzt, eine fulminante Laserprojektion startet, und in den nächsten anderthalb Stunden wirbeln 65 grandiose Künstler aus 23 Ländern durch die Luft und das Wasser. Sie tanzen, springen aus 25 Meter Höhe in den Pool, fahren in einer kleinen Metallkugel zu fünft Motorrad und präsentieren akrobatische Stunts, bei denen einem im wahrsten Sinne des Wortes der Mund offen steht.

Insgesamt fließen 2,7 Millionen recyceltes Wasser über die Bühne – genug, um ein Schwimmbecken mit olympischen Maßen zu füllen. Mehrmals während der Show wird der gesamte Boden innerhalb weniger Sekunden knietief überspült – in derselben Geschwindigkeit trocknet er wieder. Faszinierende Spezialeffekte wechseln mit Farbspielen, Nebel, Wind, Regen und sogar Schnee. Ein tolles Spiel der Elemente! Kreativer Kopf des beeindruckenden Spektakels ist Franco Dragone, der maßgeblich zum Ruhm des Cirque du Soleil beitrug und unter anderem Shows für Céline Dion, La Rêve in Las Vegas und den Pariser Lido kreierte.

Adresse 260, Sheikh Zayed Rd, GPS-Koordinaten 25°11'04.7"N 55°15'15.6"E | **ÖPNV**
Metro (rot) bis Business Bay, dann 15 Minuten Fußweg | **Öffnungszeiten** Vorstellungen
täglich 19 und 21.30 Uhr, Buchung unter laperle.com/en | **Tipp** Direkt neben dem Theater
liegt das zweithöchste Hotel der Welt, das JW Marriott Marquis. Mit seinen 355,35 Metern
ist es nur einen Meter kleiner als der aktuelle Weltrekordhalter. In der Bar Vault im 71. und
72. Stock des A-Turmes gibt es hervorragende Cocktails und eine tolle Panorama-Sicht
(täglich 17 – 3 Uhr, Dresscode: smart casual).

62 Das Life 'n One

Die versteckte Oase

Wenn es eine Hitliste für den Dubai-untypischsten Ort gäbe, stünde dieser weit oben. Zentrum des Life 'n One ist zwar eigentlich sein Yogastudio. Aber wer gestresste Expats um einen ultimativen Tipp bittet, wo man mitten in der Stadt Ruhe findet, im Grünen sitzen und entspannt lesen, eine Kleinigkeit essen oder trinken kann, hört diesen Namen immer wieder.

Beim Besuch steht ein Paar mittleren Alters am Tresen. Die Frau hat gehört, dass das Studio gut sein soll, weiß aber nicht, was sie erwarten kann. »Wir machen alles«, beginnt die Besitzerin engagiert. »Sie können für eine einzelne Stunde kommen, für ein paar Tage oder ganze Kurse, einzeln oder in der Gruppe.« Was wird angeboten? »Wie gesagt, wir machen alles: Detox- und Kundalini-Yoga, Vor- und Nachgeburts-, Yin- und andere Yoga-Arten. Wir haben Chakra-Tanz-Meditation, Mondscheinsitzungen.« Während die Chefin begeistert weiterredet, schaut sich der Gatte der überforderten Kundin in spe schon mal um, wohin er flüchten könnte.

Nebenan öffnet sich ein großer Shop, in dem es von Yogamatten über Öle, Kleidung, Kerzen und Schnickschnack die ganze Palette an Zubehör für Yogis, Ruhesuchende, zum Meditieren und Entspannen gibt. In der Etage darüber liegen zwei wirklich schöne, geräumige Säle und ganz oben die Dachterrasse. Von dort hat man einen grandiosen Blick über die niedrigen Nachbargebäude hinweg zur funkelnden Skyline. Dort, wo Dubai so ist, wie man es erwartet: groß, glitzernd, teuer und hypermodern. Hinter dem Haus liegt die versprochene kleine Oase. Und die ist wirklich besonders und charmant. An einer Wand lehnt eine Tafel mit der Aufschrift: »Wenn du nicht barfuß bist, bist du overdressed.« Kleine, flache Tische und Bänke stehen auf dem Rasen, es gibt auch eine überdachte Sitzfläche mit überraschend großer Bibliothek. Im Angebot sind Salate, Kuchen und Getränke, alles vegan, gesund und frisch. Aus einer Ecke schaut ein Papagei zu, auch er tiefenentspannt.

Adresse Street 27B, Jumeirah 1, Jumeirah Beach Road, hinter Magrudy's Bookstore & Jumeirah Centre | **ÖPNV** Metro (rot) bis World Trade Centre, dann Taxi | **Öffnungszeiten** täglich 9.30 – 19.30 Uhr | **Tipp** Direkt um die Ecke liegt das Lime Tree Café. Dessen Lime Tree Carrot Cake gilt als einer der besten Kuchen Dubais (Jumeirah Beach Road, neben der Jumeirah-Zentralmoschee).

63__Das Local House
Kamel auf dem Teller und im Glas

Kamele sind in Dubai allgegenwärtig: als Symbol, Souvenir oder leibhaftig. Aus ihrer Milch werden heute Schokolade, Joghurt und Seife gemacht (siehe Orte 6 und 25). Beduinen haben sich viele Jahrhunderte auch von ihnen ernährt. Doch das magere, proteinreiche Fleisch ist ziemlich zäh, das macht seine Zubereitung herausfordernd. An einigen Orten wird es dennoch angeboten, zum Beispiel im Local House des Al Fahidi Historical Neighbourhood. Es rühmt sich damit, als erstes Restaurant Dromedarfleisch im Angebot gehabt zu haben. Deshalb hat gefühlt jede zweite Zeitung darüber berichtet, und, man muss es leider sagen, der Laden ist eine ziemliche Touristenfalle. Aber um einen Eindruck zu bekommen, wie das Wüstenschiff schmeckt, lohnt ein Besuch. Vor dem Eingang steht ein großes, künstliches Kamel, entlang der Mauer sind weitere Tiere drapiert, und um die Ecke – warum auch immer – ein Schrank mit einer ramponierten Hirschfigur. Das Innere ist überraschend groß, aber angenehm in Art eines arabischen Gartens mit vielen Sitzecken gestaltet. Auch hier gibt es zahllose Kamelfiguren, sogar als Tabletts sowie Salz- und Pfefferstreuer. Auf einer langen Bank wurden dekorativ arabische Kannen arrangiert, ein Brunnen sprudelt.

In einem Local House würde man eigentlich einheimische Gäste oder zumindest emiratisches Personal erwarten. Doch der Laden ist ganz offensichtlich auf Touristen ausgerichtet. Auf der Menükarte stehen diverse Kamelgerichte: von der Suppe über Burger und Tikka bis hin zum Kebab oder Biryani mit Couscous. Das Fleisch stammt von einer Kamelfarm in Al Ain. Das ist eine Stadt in Abu Dhabi, in der seit Jahrhunderten Dromedare gezüchtet werden. Weder in der Konsistenz noch im Aroma ist eine hervorstechende Besonderheit festzustellen, die Soßen überdecken einen eventuellen Eigengeschmack. Überraschend gut schmecken hingegen die Kamel-Milchshakes, die es auf Wunsch auch mit Datteln gibt.

Adresse Meena Bazar 51, Al Bastakiya, nahe Al Fahidi Roundabout, gegenüber dem Al Mussalla Post Office | **ÖPNV** Metro (grün) bis Al Fahidi | **Öffnungszeiten** täglich 11–22 Uhr | **Tipp** In der Dubai Mall wird ein anderes Dromedar-Gericht angeboten. Das Restaurant Switch, das sich nahe der Eisbahn im Erdgeschoss befindet, serviert neben Kamel-Burgern auch Spaghetti mit Kamel-Bolognese (Metro (rot) bis Dubai Mall/Burj Khalifa, dann 15 Minuten Fußweg durch die Überführung).

64　The Lounge
Die höchste Tea Time der Welt

Der Legende nach soll der berühmte Afternoon Tea von einer Hofdame Queen Victorias (1837 – 1901) erfunden worden sein. Weil sie zwischen dem offiziellen Mittag- und Abendessen immer hungrig wurde, ließ sie sich gegen 16 Uhr in ihrem Salon Tee, Brot und Butter servieren. Im Laufe der Zeit lud sie Freunde ein und verpflegte sie mit Sandwiches und Kuchen. Diese Gepflogenheit verbreitete sich schnell und gehörte schon bald zum Alltag im gesamten britischen Empire. Dieses hatte seit dem 18. Jahrhundert seine Handelsrouten nach Indien gesichert, dabei auch Verträge mit den Scheichtümern am Persischen Golf geschlossen und viele Traditionen in die Region gebracht. Der Afternoon Tea gehört noch heute zu den festen und beliebten Ritualen in Dubai. Oft mit allem Drum und Dran – von Gurken-Sandwiches über Scones mit Clotted Cream bis hin zu kleinen Kuchen-Kunstwerken. Viele Cafés und Hotels bieten spezielle Arrangements von super-edel bis lässig-entspannt.

Aber die Stadt der Superlative setzt natürlich noch einen Weltrekord drauf: mit der höchsten Tee- und Cocktail-Lounge der Welt im höchsten Turm der Welt. Sie erstreckt sich zwischen dem 152. und dem 154. Stockwerk des Burj Khalifa und liegt damit noch mal 30 Stockwerke über der klassischen Aussichtsterrasse im 124. Stock.

Den Blick aus 585 Meter Höhe gibt es ausschließlich als Paket: Beim »Tee in den Wolken« genießen die Gäste Gebäck und Desserts zum Tee. Wer lieber den Sonnenuntergang inklusive Champagner und Gourmet-Canapés erleben möchte, kommt zum »Bubbly Sundowner«. Die Abende stehen unter dem Motto »Cocktails unter den Sternen«. Die Packages sind nicht günstig. Dafür hat man das exklusive Gefühl, dass weltweit niemand an einem höheren Ort isst, trinkt und (abends) Livemusik mit internationalen Künstlern und DJs hört. Das Highlight ist aber die sensationelle Außenterrasse. Die ist, Sie ahnen es, die höchste der Welt.

Adresse Burj Khalifa (Zugang über das Untergeschoss der Dubai Mall) | **ÖPNV** Metro (rote Linie) bis Dubai Mall/Burj Khalifa, 20 Minuten Fußweg bis zum Aufzug im Burj Khalifa | **Öffnungszeiten** Tea in the clouds: 12.30–17 Uhr; Bubbly Sundowner: 17.30–19 Uhr; Cocktails under the stars: 19.30–24 Uhr, eine Vorab-Buchung ist empfohlen, zum Beispiel unter www.burjkhalifa.ae/en/the-lounge | **Tipp** Der Afternoon Tea in der Al Fayrooz Lounge gilt als einer der besten der Stadt. Außerdem hat man von dort aus einen direkten Blick auf Dubais Wahrzeichen, das segelförmige Burj al Arab (täglich 14–18 Uhr, Hotel Jumeirah Al Quasr im Madinat Jumeirah, King Salman bin Abdulaziz Al Saud Street – Umm Suqeim St; Bus 8 oder 88 bis Madinat Jumeira1 oder Taxi).

65 Die Luxus-Auto-Meile

Das Leben ist zu kurz für langweilige Autos

Autos sind in Dubai weit mehr als Transportmittel von A nach B. Sie präsentieren den eigenen Lifestyle. Oder zumindest den, den man gern hätte. Egal vor welchem angesagten Restaurant oder an welchem Valet-Parking Service an den Malls man schaut: Überall stehen knallige Luxus-Autos, vom neuesten Porsche über Maserati bis hin zu Ferrari oder Jaguar. Aber warum leisten sich so viele diese teuren Wagen?

Wenn man an jeder Ampel und Ecke tolle Autos sieht, macht das natürlich Appetit. Entweder sind die Fahrer Auto-Enthusiasten, denen es Vergnügen bereitet, über die neuen Straßen zu rauschen, die gepflegt und ohne Schlaglöcher sind. Oder sie wollen ihre Mitmenschen beeindrucken. Aber wie können sie sich die teuren Schlitten leisten? Viele leasen oder kaufen sie gebraucht. Auch in Dubai verlieren Neuwagen schnell an Wert. Wenn die Besitzer ihr Auto kurzfristig loswerden wollen, weil ihre Zeit in Dubai vorbei ist, verkaufen sie es oft sehr günstig. Sowohl die Steuern als auch das Benzin sind relativ günstig. Zudem gibt es kaum Diebstähle oder Vandalismus. Das senkt die Versicherungsbeiträge enorm. Und schließlich ist auch die Zahl der gemieteten Nobelkarossen nicht zu unterschätzen.

Die edlen fahrbaren Untersätze werden nicht nur für besondere Gelegenheiten, wie Geburts- und Jahrestage, Hochzeiten oder zur Feier besonderer Momente, geliehen, sondern vor allem von Touristen. Viele Urlauber wollen sich Dinge gönnen, die sie sonst nicht haben. Dazu gehört auch, in einem edlen Auto herumzucruisen und damit an den Hotspots der Stadt aufzukreuzen. Wie auf der Promenade The Walk, wo oft ein regelrechter Showcorso stattfindet. Deshalb haben die meisten großen Autovermieter auffällige Luxusautos im Angebot, wie orangefarbene Lamborghinis, gelbe Ferraris, McLaren und verschiedene Rolls-Royce. Übrigens gilt: Je kleiner die Zahl auf dem Nummernschild, desto wichtiger ist der Besitzer.

Adresse zum Beispiel auf der Promenade The Walk | **ÖPNV** Metro (rot) bis Damac Properties, dann kurzer Fußweg beziehungsweise die Tram bis Jumeirah Beach Residence 1 nehmen | **Tipp** Ebenfalls auf The Walk, direkt neben dem Kino Roxy, gibt es einen Aussichtsturm ohne Klettern. Eine fliegende Untertasse bringt ihre Gäste 40 Meter in die Höhe. Man sitzt sicher angeschnallt auf bequemen Sesseln rund um einen Tisch, während es aufwärts geht. Von oben ist ein 360-Grad-Blick über The Beach, JBR, das Ain Dubai und Palm Jumeirah garantiert. Die Fahrt dauert rund 20 Minuten (Do–Do 10–22, Fr, Sa 10–1 Uhr).

66 Das Mall-Taxi

Exklusiv von einem Shop zum anderen fahren

Zu Dubais Superlativen zählt zweifellos die Dubai Mall. Diesen gigantischen Komplex überhaupt Mall (Einkaufszentrum) zu nennen ist pures Understatement. Er hat mehr als 1.300 Geschäfte, Restaurants und Cafés auf vier Levels. Ob Bücher, Fashion, elektronische Geräte oder Süßigkeiten – hier findet sich praktisch alles. Noch dazu ist es ein riesiges Familienunterhaltungszentrum: mit einem Mega-Aquarium, das sich über drei Stockwerke erstreckt. Mit einer Eisbahn von olympischer Größe, zwei Department Stores, einem Souk, einem echten Dinosaurier-Skelett, einem Multiplex-Kino und vielen Entertainment-Attraktionen. 60 Millionen Besucher strömen pro Jahr hierher, damit ist sie die meistbesuchte Mall weltweit. Im Sommer, wenn es draußen richtig heiß ist, wird das klimatisierte Gebäude umso mehr zu einem gefragten Anziehungs- und Aufenthaltsziel.

Über eine Million Quadratmeter Verkaufsfläche sind jedoch selbst für trainierte Shopaholics eine steile Herausforderung. Wenn man jedem Geschäft auch nur einen ultrakurzen Besuch von drei Minuten abstatten würde, um dann gleich weiter zum nächsten Laden zu hasten, bräuchte man bei einer wöchentlichen »Arbeitszeit« von 40 Stunden fast zwei Wochen dafür.

Wer auch nur an einem kleinen Teil der Schaufenster entlangflanieren möchte, bemerkt irgendwann, dass die Füße schwerer werden. Und träumt von einem fahrbaren Untersatz. Tatsächlich können sich die Kunden bequem von Mall-Taxis chauffieren lassen. Die stylishen Wagen erinnern an Golfcarts. Sie stehen an zentralen Achsen der Einkaufspassagen oder können unterwegs angehalten werden, bringen ihre Passagiere zum nächsten Geschäft oder fahren sie von einem Ende der Mall bis zum anderen (zwei Kilometer). Sie lassen sich auch viertelstundenweise mieten. Bis zu drei Personen und zwei Kinder finden in dem Gefährt Platz. 15 Minuten kosten etwa vier Euro.

Adresse Hauptgänge der Dubai Mall ÖPNV Metro (rot) bis Dubai Mall/Burj Khalifa, dann 15 Minuten Fußweg bis zur Dubai Mall | **Öffnungszeiten** Fahrzeiten So–Mi 10–22 Uhr, Fr, Sa 10–24 Uhr | **Tipp** Wer etwas Packendes erleben möchte, besucht den VR Park auf Level 2 der Dubai Mall. Man bekommt eine spezielle Brille auf die Nase, dank der die Grenzen der Realität verschwimmen. In verschiedenen Programmen kann man zum Beispiel Dubai im Jahr 2050 simulieren und in Drohnen-Taxis durch den Luftraum der Stadt cruisen. Oder vom Burj Khalifa stürzen, über Wüstendünen rasen oder gegen Insekten, Schlangen und andere Kreaturen kämpfen (Sa–Do 9–24 Uhr, Fr. 9–1 Uhr).

67 Das Mama Zonia
Brunch in der Amazonas-Lounge

Eine typische Dubai-Eigenheit ist die ausgeprägte Lust am Brunch. Während die meisten Europäer damit ein geselliges Essen am späten Vormittag verbinden, werden hier ausgiebige Festgelage daraus. Die Arbeitswoche dauert von Sonntag bis Donnerstag. Am Freitag entspannt man sich und läutet beim gemeinsamen Genießen das Wochenende ein. Dann wetteifern die Hotels und Restaurants der Stadt um das verlockendste, luxuriöseste und ausgefallenste Angebot. Das Mama Zonia spielt dabei definitiv in der Oberliga mit. Es ist elegant, witzig und hat einen kräftigen Touch Amazonas-Dschungel.

In einem großen goldenen Käfig am Eingang hockt ein Mann im Schimpansenkostüm und begrüßt die Brunch-Gäste. Und da man ja nicht weiß, was im Regenwald sonst noch so lauert, kriegen alle erst mal eine Impfung: einen Begrüßungsdrink. Das Innere ist als große, gemütliche Lounge gestaltet. Auf verschiedenen Ebenen um einen enormen zentralen Tresen verteilen sich Sitzgruppen, Tische, plüschige burgunderrote Sessel, geschwungene Sofas mit dicken Kissen und Rattanmöbel. Überall stehen und hängen tropische Pflanzen. Dazwischen sind üppige Kronleuchter und weitere Käfige mit Fake-Vögeln drapiert, zwischen den Tischen machen gefiederte Tänzerinnen und Tänzer zu Pop-, Rock- und R-'n'-B-Hits die Runde. In seiner Gesamtheit wirkt das ziemlich charmant-schräg. Ein Teil der Speisen wird als Büfett bereitgestellt, ein paar Gänge kommen aber auch direkt an den Tisch. Von Sushi über fruchtige Salate und Gemüse, Hühnchen, saftig gegrilltes Fleisch und Desserts ist alles üppig da. Zwischendurch bekommen die Gäste weitere Impfungen (Shots) zur Vorbeugung gegen andere Tropenkrankheiten. Dafür gibt es jeweils Stempel in die Impfausweise, die für alle auf den Tischen bereitliegen. Wer mag, nimmt zwischendurch auf der großen 270-Grad-Terrasse Platz, von der aus man einen sensationellen Blick über die Marina hat.

Adresse Pier 7, Dubai Marina Promenade | **ÖPNV** Metro (rot) bis DMCC, dann Tram bis Dubai Marina Mall | **Öffnungszeiten** Mo–Do, Sa, So 12–1 Uhr, Fr 12–2 Uhr, Don't-feed-the-animals-Brunch: Fr 13–16 Uhr | **Tipp** Einen auf andere Art besonderen (wenn auch nicht günstigen) Brunch gibt es freitags von 13 bis 17 Uhr im Vida Downtown am Mohammed Bin Rashid Boulevard. Beim Urban Picnic kann man entweder »ganz normal« am Tisch essen, es sich in einer Cabana oder mit einem Picknickkorb am Pool gemütlich machen.

68 Die Medusen-Station

Ein ganz und gar nicht alltäglicher Metro-Bahnhof

Für die meisten Menschen sind Metrostationen nur Mittel zum Zweck. Hier wird eine Reise begonnen, man steigt um oder zieht am Zielort achtlos weiter. Dabei sind einige Bahnhöfe selbst eine Attraktion und verbergen regelrechte Schätze.

47 Stationen umfasst das Metro-Netz aktuell. Die meisten liegen oberirdisch auf Viadukten. Ihre goldenen Metalldächer, die konisch zulaufen und darunter verborgene Glas-Metall-Bahnsteige schützend umschließen, erinnern an große Muscheln – und damit an Dubais Anfänge als Perlenfischerdorf. Im historischen Viertel, wo die Bebauung bereits sehr dicht war, gibt es ein Dutzend unterirdische Stationen. Alle folgen einem Gestaltungsprinzip: Einerseits zitieren sie arabische Traditionen, andererseits orientiert sich ihre Farbwahl an einem der vier Elemente. Erde wird durch warme Brauntöne versinnbildlicht, Wasser mit blauen und weißen Farben, Feuer durch sanftes Orange sowie kräftiges Rot und Luft durch die Palette der Grüntöne. Bahnhöfe in den historischen Vierteln, wie Al Ras und Al Ghubaiba, präsentieren auch traditionelle architektonische Ornamente, wie geschwungene Bögen oder Mashrabiya-Gitter.

Union und Burjuman, die beiden Umsteigebahnhöfe zwischen roter und grüner Linie, zeigen historische Fotos auf großen Emailleplatten. Die Motive bieten den Fahrgästen einen Einblick in Beduinentraditionen, in die Vergangenheit Dubais als kleiner Wüstenort und die Nationaltiere des Emirats. Burjuman, dessen Name vom nahen Einkaufszentrum stammt und auf Arabisch Wüstenperle bedeutet, ist auch der Bahnhof mit dem ungewöhnlichsten und schönsten Detail. Über den Rolltreppen auf beiden Seiten des Bahnsteiges sind jeweils vier riesige Glas-Kronleuchter in Quallen-Form positioniert: Leuchtschirme mit langen, schimmernden tropfenförmigen Tentakeln. LEDs lassen die Farben von sanftem über tiefes Blau bis zu sattem Violett changieren.

Adresse Khalid Bin Al Waleed Rd/Sheikh Khalifa bin Zayed Rd | **ÖPNV** Metro (rot/grün) bis Burjuman | **Öffnungszeiten** Sa–Mi 5–24 Uhr (grüne Linie: 5.30–24 Uhr), Do 5–14 Uhr, Fr 10–1 Uhr | **Tipp** Die Metrostation Al Rigga steht unter dem Motto Feuer. Hier gibt es vier Lichtskulpturen, die dementsprechend »Flame« heißen und jeweils aus einem roten Dom mit weißem Ring bestehen, in dem eine Flamme zu lodern scheint.

69 Die Mega-Fontänen
Einfach mal die Perspektive wechseln

Manche Dinge sind in Dubai ein Muss. Wie die Dubai Fountain am Fuß des Burj Khalifa. Jeden Tag gibt es 14 kostenlose Vorstellungen, die jeweils fünf Minuten dauern und tagsüber ganz anders wirken als in der Dunkelheit. Die Rekord-Anlage im Burj Khalifa Lake ist 275 Meter lang und stößt pro Sekunde die unglaubliche Menge von 83.000 Litern Wasser aus. Dazu tanzen 1.000 Fontänen, die von 6.600 Leuchtkörpern und 25 Farbprojektoren stimmungsvoll in Szene gesetzt werden. Mehr als 250 Farben sorgen für unzählige Lichtschattierungen und -nuancen. Während der Show wird langsam Spannung und Druck für das Highlight aufgebaut: Zum eindrucksvollen Finale katapultieren Supershooter kraftvolle Wasserfontänen bis zu 150 Meter in den Himmel. Das ist so hoch wie ein 45-stöckiges Hochhaus.

Abends finden halbstündlich unterschiedliche Shows mit neuer Choreografie und einem anderen Soundtrack statt. Regelmäßig werden die Titel aus Rock, Pop, Klassik und arabischen Hits gewechselt. Dafür gibt es klare Auswahlkriterien: Die Besucher kommen aus der ganzen Welt, sie sollen sich gleichermaßen angesprochen fühlen, idealerweise mitsummen und Gänsehaut bekommen. Außerdem müssen Stil und Rhythmus exakt und harmonisch auf die Düsenbewegungen abgestimmt sein.

Wenn auf dem Wasser viele glitzernde Lichtpünktchen auftauchen, dauert es noch ein, zwei Minuten, bis die Show startet. Dann wird es Zeit, sich einen optimalen Platz zum Zuschauen und Fotografieren zu suchen. Die meisten Besucher drängen sich auf der Brücke zwischen Dubai Mall und dem Souk Bahar. Dabei ist die Sicht von der Uferpromenade auf der gegenüberliegenden Seite aus viel besser. Doch auch ein genereller Perspektivwechsel lohnt. Von oben wirken die beiden Bögen, fünf Wasserkreise, die wirbelnden Fontänen und die markante Feuerlinie auf andere Weise faszinierend. Zum Beispiel von der Aussichtsterrasse At the Top des Burj Khalifa im 124. Stock aus. Dort ist auch der Soundtrack gut hörbar.

Adresse Burj Khalifa Lake | **ÖPNV** Metro (rot) bis Dubai Mall/Burj Khalifa | **Öffnungs-zeiten** Show Sa–Do 13, 13.30, 14 Uhr, halbstündlich zwischen 18 und 23 Uhr, Fr 13.30, 14, 14.30 Uhr, halbstündlich zwischen 18 und 23 Uhr | **Tipp** Auch von der Dubai Mall aus kann man die Wassershows sehen, von der Terrasse des Apple-Stores in der ersten Etage sogar kostenlos. Ansonsten von den Restaurants aus, die in den Stockwerken darüber liegen, oder auch im NEOS, das im 63. Stock des Address Hotels liegt. Von dort aus hat man allerdings nur den optischen Genuss, die Musik ist nicht hörbar.

70__Die Mohammed-Bin-Ahmed-Almulla-Moschee

Wo auch Nichtmuslime willkommen sind

Fünfmal pro Tag werden Muslime mit dem Adhān zum Gebet gerufen: zur Morgendämmerung (fajr), zur Mittagsstunde (dhuhr), am Nachmittag (asir), nach Sonnenuntergang (maghrib) und bei Anbruch der Dunkelheit (isha). Die genauen Gebetszeiten richten sich nach dem Sonnenstand, deshalb variieren sie von Tag zu Tag.

Selbst in den Malls ertönt der Ruf, der im Jahr 624 durch den Propheten Mohammed in Medina eingeführt wurde. Er ist noch heute verbindlich: »Allah ist größer (als alles). Ich bezeuge, dass es keinen Gott gibt außer Allah. Ich bezeuge, dass Mohammed der Gesandte Allahs ist. Kommt zum Gebet! Kommt zum Heil! Allah ist größer. Ich bezeuge, dass es keinen Gott gibt außer Allah.« Sobald der Adhān zu hören ist, unterbrechen die Gläubigen ihre Tätigkeiten und strömen in die Moscheen. In allen öffentlichen Gebäuden und sogar in den Metrostationen gibt es Gebetsräume, die gut ausgeschildert sind.

Nichtmuslime konnten bis vor Kurzem in Dubai ausschließlich die große Jumeirah Mosque besuchen. Nun öffnet auch die Mohammed-Bin-Ahmed-Almulla-Moschee an der Dubai Marina ihre Türen für Interessierte. Jeden Montag von 10 bis 11 Uhr wird eine Führung offeriert, weitere Angebote an anderen Tagen sind geplant. Ein Führer erläutert, warum vor dem Besuch der Moschee die Schuhe ausgezogen werden, und demonstriert, wie Muslime die rituelle Waschung (wudhu) vollziehen. Er zeigt architektonische Besonderheiten, spricht über die Gebete, Elemente der emiratischen Lebensweise und Kultur und beantwortet Fragen. Die Führungen sind kostenlos, man muss sich aber vorher anmelden. Langärmlige Kleidung und bis über das Knie gehende Hosen oder Röcke sind Pflicht. Man sollte auch Strümpfe tragen, weil die Knöchel bedeckt sein müssen. Frauen brauchen ein Kopftuch oder einen Schal.

Adresse zwischen King Salman bin Abdulaziz Al Saud St (D94) und Marina-Promenade, GPS-Koordinaten 25°04'59.2"N 55°08'33.2"E | **ÖPNV** Metro (rot) bis Damac Properties, dann 15 Minuten Fußweg | **Öffnungszeiten** Anmeldung unter www.islamicic.com/mosque | **Tipp** Führungen in der Jumeirah-Moschee finden Sa bis Do um 10 und 14 Uhr statt. Eine Anmeldung ist nicht nötig, man sollte sich aber 30 Minuten vorher vor Ort registrieren (Jumeirah Beach Road, Jumeirah 1., Metro (rot) bis ADCB Station, dort ab Hassa Bint Al Murr Masjid-Station Bus C10 bis Jumeira Centre nehmen, danach sechs Minuten Fußweg).

71 Die Murals

Die Straße als Leinwand

Im 21. Jahrhundert hat es die Street-Art bis ins Museum geschafft. Künstler wie Banksy sorgen mit spektakulären Aktionen für weltweites Aufsehen, urbane Kunstwerke sind so populär wie nie. Und die vielen jungen oder arrivierten, oft extrem guten Artisten dürsten nach neuen Flächen zum Bemalen, Besprayen oder Tapen. Von New York über London, Paris oder Berlin – nichts zu machen. Die gewachsenen Metropolen sind schlichtweg zugebaut, und ihre historischen Fassaden sind oft ungeeignet für urbane Kunstwerke.

Dubai ist da ganz anders und ein echtes Paradies für Street-Art-Künstler. Einerseits gibt es in dieser quasi nagelneuen Stadt auch viele neue, perfekte Fassaden. Ständig entstehen weitere Viertel und mit ihnen immense Open-Air-Leinwände. Außerdem gehört Street-Art hier ganz offiziell zum Stadtentwicklungskonzept, die Kunst wird gleich mitgeplant. Deshalb gleichen einige Promenaden und Straßen riesigen Freiluft-Galerien. Wie La Mer am Jumeirah Beach, wo sich dekorative, traditionelle oder auch humorvolle Motive unkonventionell aneinanderreihen. Neben Telefonen, Kamelen, einem Kind mit steigendem Drachen und VAE-Flagge gibt es zum Beispiel Rotkäppchen und den Wolf. Auf dem City Walk finden sich aufwendige Murals von sehr bekannten Künstlern, die nicht zuletzt durch ihre Größe beeindrucken. In Karama, das wegen der vielen dort verkauften Imitationen auch Handtaschenviertel genannt wird, sind 24 Häuser beidseitig der 18b Street kreativ und motivreich dekoriert.

Nahe dem Union House, dem Gründungsort der Vereinigten Arabischen Emirate, liegt mit der 2nd of December Street eine der lebendigsten und authentischsten Straßen Dubais. Sie ist die Hauptachse des vor allem von Einwanderern aus Südostasien bevölkerten Stadtteils Al Satwa. Gerade hier gibt es sehr charmante Hommagen an die arabische Tradition, wie reifenrollende Kinder, arabische Kalligrafie, Porträts der Royals oder Falken.

Adresse 2nd December Street, Satwa | **ÖPNV** Metro (rot) bis Al Jafiliya oder World Trade Centre | **Tipp** Zwischen den Metrostationen Emirates Towers und Financial Centre wurden bereits einige Pfeiler des Viadukts mit Street Art gestaltet, in den kommenden Jahren sollen weitere folgen.

72__Das Museum of Illusions

Hier kann man sich auf nichts verlassen

An diesem Ort dreht sich alles um Illusionen, Täuschungen, optische Tricks und scheinbar Unmögliches. Verblüffende Ausstellungsstücke führen vor, wie unser Gehirn funktioniert und wovon es sich in die Irre führen lässt. Im Museum der Illusionen ist nichts, wie es scheint, und Mitmachen ausdrücklich erwünscht.

Im Ames-Raum werden die Besucher zum Beispiel innerhalb von Sekunden zu Riesen oder Zwergen. Im verkehrten Zimmer steht hingegen alles auf dem Kopf. Stühle, Tisch, Vase und sogar die Gäste kleben an der Decke. Wer seinen Partner zum Fressen gernhat oder sich schon immer mal den Kopf von jemandem auf einem Tablett servieren lassen wollte, kann das hier an Ort und Stelle tun. Dabei haben alle Beteiligten viel Spaß, und natürlich wird auch niemand verletzt. Gleich daneben führt ein magischer Stuhl eindrucksvoll vor, wie Fehlinterpretationen unseres Gehirns zu optischen Täuschungen führen. Sie entstehen, wenn unsere grauen Zellen ein neues Objekt mit alten Erinnerungen verknüpfen. Eine wahre Herausforderung für den Gleichgewichtssinn wartet im Vortex-Tunnel. Hier scheint sich eine flirrende Röhre immer schneller um einen zu drehen. Und obwohl man auf einer absolut stabilen Oberfläche läuft, wirkt es, als würde einem buchstäblich der Boden unter den Füßen weggezogen.

Kaum beruhigt sich der Puls wieder, geht es zu einer Hologramm-Serie, bei der genaues Hinschauen gefragt ist. Dort wird ein Gesicht gezeigt. Ihm fehlt etwas Entscheidendes. Doch weil die genetische Veranlagung zur Gesichtserkennung so tief in uns Menschen verankert ist, versucht unsere Wahrnehmung automatisch, das Manko zu ergänzen. An vielen anderen Stellen verwirren Bilder mit speziellen grafischen Mustern die Augen mit visuellen Täuschungen. Oder sie spielen dem Gehirn witzige Streiche mit Spiegeln. Wer denkt, nun schon alles gesehen zu haben, sollte mal den unendlichen Raum probieren …

Adresse Museum of Illusions, Al Seef, Shop Nr. P3-17-1, Bur Dubai | **ÖPNV** Metro (grün) bis Burjuman und zehn Minuten Fußweg | **Öffnungszeiten** täglich 10–24 Uhr | **Tipp** Namlet, eine Art Limonade in speziellen Glasflaschen, war früher ein sehr beliebtes Getränk in Dubai. Als der Handel mit Indien in den 1920er Jahren boomte, hatte es seine Hochkonjunktur und wurde dann vergessen. Im Dukan Namlet, einer kleinen Bar, kann man es nun wieder probieren (täglich 10–24 Uhr, Shop Nr. 122, direkt am Wasser).

73__Das Museum of the Future

Die Zukunft ist ein architektonisches Wunder

Seit jeher sammeln Menschen. Sie tragen Gegenstände zusammen, die sie wertschätzen, schmücken und erinnern. Spätestens seit der Antike wurden diese Dinge nicht nur privat aufgehoben, sondern auch an bestimmten Orten dauerhaft aufbewahrt und öffentlich zugänglich gemacht. Aus dem Altgriechischen stammt das Wort dafür: Museum (μουσεῖον mouseîon). Im Laufe der Jahrhunderte entstanden und vergingen zahllose Museen, Wunder- und Kunstkammern. Für sie wurden prächtige, beeindruckende oder auch schlichte, kleine und bescheidene Gebäude errichtet.

Doch wo und wie präsentiert man Visionen, Pläne, Technologien und künftige Erfindungen? Also Dinge, die es noch gar nicht gibt? »Während andere versuchen, die Zukunft vorherzusagen, schaffen wir sie«, sagt Dubais Herrscher, Scheich Mohammed bin Rashid Al Maktoum. Kein Wunder also, dass gerade in der Übermorgen-Stadt eins der weltweit ungewöhnlichsten Museen entsteht. Zur EXPO 2020 soll es fertig sein. Wer mit der roten Linie der Metro unterwegs ist, hat zwischen den Stationen World Trade Centre und Emirates Towers einen optimalen Blick auf den aktuellen Fortschritt. Das futuristische Gebäude ist wie ein verzerrter Torus (Donut) geformt. Die Inspiration für diese Form kommt aus dem Feng-Shui. Während das architektonische Umfeld die Erde und den Himmel repräsentiert, symbolisiert die Leere des elliptischen Loches im Museum das Unbekannte. 890 nahtlos aneinandergefügte Platten ergeben die glänzende Edelstahlfassade. Die in die Fassade eingravierte Kalligrafie gibt Makabi-Verse des Herrschers wieder. Gleichzeitig fungiert sie als Fenster, das im Dunkeln von Zigtausenden LEDs beleuchtet ist. Im Inneren setzt sich das unkonventionelle Design fort. Nach der Fertigstellung sollen auf sieben Ausstellungsflächen sowie im Auditorium mit 400 Plätzen innovative Ideen und Konzepte aus allen Lebensbereichen vorgestellt werden.

Adresse Sheikh Zayed Rd, GPS-Koordinaten 25°13'10.3"N 55°16'54.9"E | **ÖPNV** Metro (rot) bis Emirates Towers | **Tipp** Eine der coolsten Rooftop-Bars, das Level 43, ist nur eine halbe Metro-Station entfernt (zwischen Emirates Towers und Financial Centre). Von dort aus hat man einen sensationellen 360-Grad-Panorama-Blick und kann traumhaft schöne Sonnenuntergänge genießen. Es gibt einen großen Pool, gute Cocktails und eine große Speisen-Auswahl (täglich 14–2 Uhr geöffnet, Four Point Sheraton, Sheikh Zayed Rd).

74 Der Nachtmarkt

Flanieren und shoppen bis zum nächsten Tag

Mit ein paar Fischern und Händlern in Deira begann Dubais Geschichte. An der Creek-Mündung gab es die ersten Souks und den ersten kleinen Hafen. Und dort, direkt vor der Küste, sollte eigentlich eine weitere Palmeninsel aus dem Meeresboden wachsen. Sie hätte doppelt so groß werden sollen wie Palm Jumeirah, Land für vier vorgelagerte Inseln war bereits gewonnen. Doch 2009 kam die Finanzkrise, das Projekt wurde gestoppt und umgedacht. Aus Palm Deira wurden die im Umfang reduzierten Deira Islands. Die schon aufgeschütteten und verdichteten Inseln sind so groß wie 118 Fußballfelder. Dort wird seit 2015 wieder gebaut, Hotels, Wohnhäuser, Sandstrände, eine Waterfront und eine zentrale Mall entstehen.

Ein Höhepunkt wird der Deira Islands Night Souk, ein riesiger Markt, der erst nach Sonnenuntergang öffnet. Er ist ganze zwei Kilometer lang und erstreckt sich entlang der Uferpromenade. Ende 2019 ist er fertig und dann – ohne neuen Rekord wäre es ja langweilig – der größte Nachtmarkt der Welt. 70 nahezu baugleiche große Markthallen mit blauen, gewölbten Dächern reihen sich aneinander. Im Inneren sind sie in viele Marktstände und Geschäfte unterteilt, 5.300 insgesamt. Wie in einem traditionellen arabischen Souk gibt es dort alles: von Lebensmitteln über Textilien, Schmuck, Gewürze und Haushaltswaren. Außerdem entstehen fast 100 Restaurants und Cafés.

Warum Menschen so gern nach Sonnenuntergang einkaufen, hat viele Gründe. Fakt ist aber, dass sie dies schon viele Jahrhunderte lieben. In China lässt sich die Tradition sogar bis in die mittelalterliche Tang-Dynastie zurückverfolgen. Im Jahr 836 erließ Kaiser Wénzōng strenge Regeln für die Nachtmärkte in seinem Reich. Die Tradition breitete sich rasant aus, und heute gibt es überall auf der Welt florierende Night Markets, in denen gegessen, flaniert und geshoppt wird – wie auch bald auf Deira Islands.

Adresse Deira Islands | **ÖPNV** Metro (grün) bis Palm Deira | **Öffnungszeiten** täglich nach Sonnenuntergang | **Tipp** Im Jahr 2020 soll auf dem Nachtmarkt-Gelände der Zombie Apokalypse Park eröffnen. Auf mehr als 6.000 Quadratmetern gibt es ein Dutzend Attraktionen, darunter sind ein VR-9D-Kino, Escape Rooms, Paintball, Axt-Werfen, Bogenschießen, Laser Tag sowie ein Irrgarten.

75 Die nagelneue Altstadt

Fehler im Putz sind hier kein Zufall

Als Hasher bin Maktoum im Jahr 1859 Herrscher von Dubai wurde, war er noch sehr jung und sein Reich noch sehr klein. Aber er erwies sich als kluger Regent, der ausländischen Händlern Steuerfreiheit gewährte. Dadurch ließen sich innerhalb kurzer Zeit immer mehr Kaufleute nieder. Der Ort hatte damals zwei Kernsiedlungen: Bur Dubai auf der Westseite des Creeks und Deira östlich des Wasserarmes. Bereits zwei Jahre nach seinem Amtsantritt führte der Emir diese Siedlungen mit Hamriyah und Jumeirah zu einer Einheit zusammen. Er selbst und der größte Teil des Bani-Yas-Stammes ließen sich in Bur Dubai direkt an der strategisch optimal gelegenen Creek-Einfahrt nieder. Rasch wuchs dort ein neues Viertel: Al Shindagha.

Neben Gebäuden wie dem Sheikh Obaid bin Thani House (1916) entstanden mehrere Moscheen und der Shindagha Watch Tower (1939). Ab Ende der 1950er Jahre verlor das inzwischen mehr als 200 Bauten zählende Areal jedoch an Bedeutung. Hinzu kam, dass die typischen arabischen Häuser aus Lehm, Korallen und Kalkstein nicht für die Ewigkeit gebaut waren. Das Viertel drohte zu verfallen. 1996 begann die Umsetzung eines groß angelegten Masterplanes zur Sanierung der wichtigsten historischen Gebäude, darunter der Residenz von Scheich Saeed Al Maktoum. Um Touristen das historische Erbe Dubais näherzubringen, entstanden zwei Dörfer: Das Heritage Village ist der Nachbau einer typisch arabischen Siedlung. Das Freilichtmuseum Diving Village informiert über das Perlentauchen sowie das Leben der Fischer und ihrer Familien.

In den vergangenen Jahren wurden die Moscheen restauriert, baufällige Häuser instand gesetzt oder durch neue ersetzt. Das gesamte Viertel ist stark erweitert und bekam eine großzügige Uferpromenade. Um es so originalgetreu wie möglich zu präsentieren, wurden sogar gezielte Imperfektionen eingearbeitet, wie Risse im Mauerwerk oder abgeplatzter Putz.

Adresse Al Mina Rd | **ÖPNV** Metro (grün) bis Al Ghubaiba | **Tipp** Das Historical Documents Centre an der Creek-Uferpromenade zeigt Kopien wichtiger Schriftstücke aus der Geschichte Dubais und interessante historische Fotografien.

76__ Der Nationalpark

Schnelles Abenteuer und Naturschutz

Nur wer die Wüste gesehen hat, kann Dubai wirklich verstehen. Denn hier liegen die Wurzeln der Glitzerstadt. Den endlosen Sandflächen unter sengender Sonne ist jeder Quadratmeter, auf dem heute ein Wolkenkratzer, eine Fontäne oder eine künstliche Marina steht, mühsam abgetrotzt. Gewaltig ist die Wüste, schön und gefährlich. Wer hier lebt, ist ein Überlebenskünstler, ob Mensch, Pflanze oder Tier. Und auch wenn man es zwischen all den Wolkenkratzern, sprudelnden Fontänen, Wasserrutschen und klimatisierten Malls fast vergisst, liegt die Wüste nur gute 40 Autominuten entfernt.

Erste Dünen beginnen direkt am Stadtrand und verschmelzen mit der Rub' Al Khali, der größten Sandwüste der Erde. Doch vor allem die Red Dune, eine gewaltige intensiv-rote Sanddüne, zieht Einheimische und Touristen magisch an. Besonders zum Dune Bashing, dem Herumbrettern mit gemieteten Quads oder SUVs. Natürlich sollte man sich nicht allein auf den Weg dorthin machen, das wäre zu gefährlich. Doch zahlreiche Veranstalter bieten alle nur denkbaren Safari-Arten an.

Wer unberührte Wüste und die ursprüngliche Artenvielfalt Dubais erleben möchte, fährt ins Dubai Desert Conservation Reserve, einen 225 Quadratkilometer großen Nationalpark. Dort wird seit 1999 alles dafür getan, dass sich die Natur regeneriert und sich einheimische Tierarten wieder ausbreiten können. Das Reservat ist streng geschützt. Touristen dürfen es nur in begrenzter Zahl im Rahmen von Safaris ausgewählter Anbieter besuchen und dann auch nur bestimmte Bereiche betreten. Heute leben dort 33 verschiedene Säugetier- und Reptilienarten in freier Wildbahn, darunter ganze Herden der bedrohten Arabischen Oryxantilope. Die Tiere waren vor 25 Jahren schon fast ausgestorben. Behutsam wurden die Bestände gepflegt und allmählich wieder vermehrt. Wer möchte, kann auch vom Jeep auf das älteste Fortbewegungsmittel der Wüste, das Kamel, wechseln und beim Falkentraining zuschauen.

Adresse Dubai Desert Conservation Reserve, alle Anbieter der Nationalpark-Touren: www.ddcr.org/en/visits.aspx?Menu=4 | **Anfahrt** E66 (Al Ain Rd), am Big Madam Starting Point links abbiegen | **Tipp** Auch zu Dubais kulinarisch spannendsten und ausgefallensten Orten gibt es Touren, zum Beispiel zu schrägen Eisdielen oder zu vier spannenden Tastings in vier verschiedenen Stadtteilen (fryingpanadventures.com).

77 Das Nebelmeer

Wolken mit Bodenkontakt

Wo eigentlich permanent die Sonne scheint, kann man sich Wetterkapriolen kaum vorstellen. Doch auch in Dubai gibt es Regen, Sandstürme und Gewitter. Und morgens verschwinden die Wolkenkratzer sogar zuweilen in einem dicken Nebelteppich. Vor allem im Sommer. Der Burj Khalifa stößt dann oberhalb der weißen Schicht wie aus dem Nichts in den Himmel. Am Boden kann man an solchen Tagen nur wenige Meter weit sehen. Selbst wenn die Sonne höher steigt, um hell und heiß vom Himmel zu strahlen, verzieht sich der Nebel nicht sofort.

Doch warum wird es in einer Wüstenstadt überhaupt diesig? Tagsüber, wenn es glutheiß ist, erreicht auch die Wasseroberfläche des Persischen Golfes ihre höchsten Temperaturen. Dann verdunstet viel Feuchtigkeit. Sie wird in Richtung der trockenen und noch wärmeren Wüste gezogen. Nachts kühlt sich die mit Wasserdampf gesättigte Luft jedoch ab. Die Feuchtigkeit schließt sich zu immer größeren Tröpfchen zusammen. Und weil die Wolken, auch durch den mitgetragenen Sand, dabei schwerer werden, sinken sie ab. In Bodennähe, wo es noch kühler ist, verdichten sie sich weiter. Manchmal zu einer richtig dicken Suppe, die Stunden braucht, um sich wieder aufzulösen.

So unangenehm die schwierigen Sichtverhältnisse für Autofahrer und den Flugverkehr zweifelsohne sind, bieten sie doch einzigartige Aussichten. Vor allem entlang der Sheikh Zayed Road und rund um die Dubai Marina sorgt das Wetterphänomen für atemberaubende Ausblicke auf die Skyline. Wer von einer Nebelwarnung hört oder liest, sollte sich diese Chance nicht entgehen lassen. Dafür muss man möglichst früh am Morgen auf einem hohen Wolkenkratzer stehen. Zuerst bietet sich natürlich der Burj Khalifa an, allerdings bekommt man ihn dann nicht mit aufs Foto. Ideal sind die Aussichtsplattformen des Gevora-Hotels, des JW Marriott Marquis sowie des Dubai Frame.

Adresse Aussichtsdeck des welthöchsten Hotels: Gevora Hotel, 101 Sheikh Zayed Road | ÖPNV Metro (rot) bis World Trade Center oder DIFC | **Öffnungszeiten** Observation Deck: täglich 10–21 Uhr | **Tipp** An nebligen oder auch sehr heißen Tagen ist die beste Zeit für einen Kinobesuch, Dubai hat neben den »normalen« auch einige extravagante. Die Screen X-Cinemas, wie in der Dubai Mall, in der Dubai Marina oder im Al Ghurair Centre, verfügen zum Beispiel über 270-Grad-Bildschirme, da sitzen die Zuschauer quasi mitten im Geschehen.

78__Observatory Bar & Grill

Spektakulärer Blick aus 200 Metern Höhe

Dubai ist kein Schnäppchen. Vor allem an Orten mit besonders spektakulärer Aussicht. Deshalb ist es umso erstaunlicher, dass sich vor der Observatory Bar & Grill nicht längst lange Schlangen bilden. Der Blick ist unschlagbar, das Essen richtig gut, und man kann leckere Cocktails schlürfen. Wer den Besuch clever plant, sogar zu echt moderaten Preisen.

Das Restaurant befindet sich im 52. Stock eines Wolkenkratzers und bietet einen atemberaubenden 360-Grad-Rundumblick. Dank seiner strategisch perfekten Lage direkt am Yachthafen hat man alles im Blick: Auf der einen Seite liegt die Marina mit all ihren Yachten, Lichtern und den vielen hohen, schlanken Gebäuden. Unter ihnen sticht besonders der ikonische Cayan-Tower mit seinem 90-Grad-Twist ins Auge. Auf der anderen Seite liegt die belebte Sheikh Zayed Road. Wer einen Tisch in Richtung Persischer Golf bekommt, blickt auf die künstliche Insel The Palm.

Dank der »Höhenlage« des Observatory auf fast 250 Metern kann man sogar die markante Form, die Straßen und die Bebauung erkennen.

Bei so viel Fensterschauen vergisst man leicht das Essen. Die Observatory Bar & Grill hat sich auf Fleisch- und Meeresspezialitäten fokussiert und bietet von Appetizern, über Steaks oder gebratenen Lachs bis hin zu Muscheln im Schinkenmantel und Salate eine sehr solide Karte. Täglich gibt es spezielle Lunch-Angebote, mittwochs zur südamerikanischen Nacht ebenfalls spezielle Packages. Wer nicht so großen Hunger hat, geht in die Cocktailbar und genießt ein Glas Wein, Bier oder lässt sich einen exquisiten Cocktail mixen. Täglich von 16 bis 21 Uhr ist Happy Hour, während der nicht nur die Drinks günstig sind, sondern es auch 25 Prozent Rabatt auf alle Appetizer an der Bar gibt. Dass der Sonnenuntergang, der von hier oben spektakulär aussieht, in diese Zeit fällt, passt da natürlich optimal. Frühes Erscheinen sichert die besten Plätze.

Adresse Observatory Bar & Grill, Dubai Marriott Harbour Hotel & Suites, King Salman bin Abdul Aziz Al Saud St (Dresscode Smart casual, geschlossene Schuhe) | **ÖPNV** Metro (rot) bis Damac Properties, dann Tram bis Marina Towers 1 oder zehn Minuten Fußweg | **Öffnungszeiten** Sky High Brunch: Fr 12.30–15.30 Uhr, Lunch Sa–Do 12–15.30 Uhr, Dinner täglich 17–23 Uhr, Happy Hour täglich 16–21 Uhr | **Tipp** Direkt nebenan steht der Princess Tower. Er hat 101 Etagen. Obwohl er mit seinen 414 Metern bis 2014 das höchste Wohngebäude der Welt war, ist er nur halb so hoch (fast auf den Meter) wie der Burj Khalifa.

79 _ Der Oldtimer-Palast
Ein Sammler öffnet exklusiv seine Türen

Dubais Wolkenkratzer wetteifern um Rekorde als höchster, futuristischster oder teuerster Bau. Doch das untypischste Gebäude steht mitten in Deira. Es hat einen unregelmäßig fünfeckigen Grundriss und ist ein Stilmix aus verschiedenen architektonischen Elementen: ein bisschen Renaissance-Stadtpalast, eingerahmt von Rundtürmen, die aus einer oberitalienischen Burganlage stammen könnten, und mit arabischem Dekor.

Hier befindet sich der Unternehmenssitz einer der bedeutendsten Familien des Emirats. Die Alserkals handelten mit Perlen, brachten das erste Auto nach Dubai, importierten das erste Dampfschiff und den ersten elektrischen Generator. Nasser bin Abdullatif Alserkal (1917–1990) machte Geschäfte mit Autoteilen und -reifen, Pkws, Motorrädern, Wasserpumpen, Kühlschränken, Generatoren, aber auch mit Landmaschinen und Bootsmotoren. Der einflussreiche Geschäftsmann sprach sechs Sprachen, reiste viel und besaß ein Haus in Norditalien. Die dortigen Paläste und Passagen inspirierten ihn zum Bau seines eigenen imposanten Gebäudes.

Wer an den Fenstern des Erdgeschosses vorbeigeht, könnte zunächst meinen, dass hier Oldtimer verkauft würden. Dabei handelt es sich um Alserkals beeindruckende Privatsammlung. Der Eigentümer und Sohn des Firmengründers, Eisa bin Nasser Alserkal, promotet sie nicht. Aber jeder, der weiß, wo sie sich befindet, darf die Schätze anschauen: kostenlos! Dicht an dicht reihen sich Preziosen von den 1920ern bis zum Ende des 20. Jahrhundert. Darunter sind renommierte Marken, wie Lamborghini, Chevrolet, Porsche, Buick, Maserati, Mercedes, aber auch echte Raritäten wie das brasilianische Kultauto Lafer. Die Halle wird von einem bemalten Glasgewölbe überzogen. Am umlaufenden Gesims liest man Koranverse. Überall hängen Bilder und stehen Erinnerungsstücke von geschätzten Orten der Welt. Die Atmosphäre ist überaus sympathisch und gastfreundlich.

Adresse Al Serkal Building, Al Maktoum Rd/Sheikh Rashid Rd | **ÖPNV** Metro (rot) bis Deira City Centre, dann zehn Minuten Fußweg | **Öffnungszeiten** So–Do 8–18 Uhr, Fr, Sa geschlossen | **Tipp** Auf der gegenüberliegenden Straßenseite des Eingangs zur Oldtimer-Kollektion liegt ein schrill eingerichtetes italienisches Restaurant, das 24 Stunden am Tag geöffnet hat (Piccolo Mondo, 16c St).

80__Pier 7

Wo dienstags die besten Ladies Nights steigen

Mindestens 85 Prozent aller Bewohner von Dubai sind in einer ähnlichen Situation. Zum Arbeiten hergekommen, leben sie weit weg von zu Hause und ohne ihre Familie. Weil jeder nur ein paar Jahre bleibt, gehen immer wieder lieb gewonnene Menschen, und neue kommen. Permanente Veränderungen sind Normalität. Jeder ist darauf angewiesen, schnell Kontakte zu knüpfen und Netzwerke zu bilden. Deshalb haben lockere Treffen unter Kollegen und Freunden einen immensen Stellenwert. Man sieht sich in unverbindlicher Atmosphäre, vertieft Kontakte und genießt entspannt die gemeinsame Zeit. An das Morgen oder Übermorgen denkt man, wenn es so weit ist.

In diesem weltweit einzigartigen Fluidum haben sich Rituale etabliert, von denen auch die Touristen profitieren. Wie die Ladies Nights, bei denen Clubs und Restaurants ihren weiblichen Gästen Freidrinks und/oder Rabatt auf die Speisen bieten. Im Gourmetturm Pier 7, einem Hotspot an der Dubai Marina, gibt es zum Beispiel sieben coole Restaurants auf sieben Etagen mit französischer, mexikanischer, asiatischer, britischer und libanesischer Küche, Amazonas- und Vintage-Stil. Jedes Lokal des kreisrunden Gebäudes hat eine spektakuläre Dachterrasse mit grandiosem Blick über die Marina. Gut besucht sind sie und ihre Lounges eigentlich immer. Aber am Dienstagabend macht der Fahrstuhl regelmäßig Überstunden. Dann haben fünf von sieben Läden Ladies Night. Manche beginnen schon um 18, andere erst um 20 Uhr. Als »Neuling« ist man begeistert, am Einlass zwei oder drei Chips in die Hand gedrückt zu bekommen, für die es jeweils ein Glas Wein, Bier, einen Cocktail oder auch ein alkoholfreies Getränk gibt. Profis ziehen aber auch gern mal durch verschiedene Lokale, um die Benefits voll auszukosten. Die Stimmung ist entspannt und angenehm. Für den Rückweg empfiehlt sich ein Taxi. Angetrunken sollte man sich in Dubai auf keinen Fall auf der Straße zeigen.

Adresse Marina Promenade | **ÖPNV** Metro (rot) bis DMCC, dann Tram bis Dubai Marina Mall | **Öffnungszeiten** Ladies Night: Di 18–23 Uhr | **Tipp** Auch viele Strandclubs bieten lohnende Sonderkonditionen für Damen: freien Eintritt, Gratis-Equipment, Rabatte aufs Essen und die Getränke. Für aktuelle Angebote einfach im Internet nachschauen (zum Beispiel www.ladiesnightdubai.com/ladies-days).

81 Die Polo-Oase

Wo alle den Sport der Könige lernen können

Polo? Das klingt nach den britischen Prinzen William und Harry, nach Champagner, großen Hüten, einem elitären Publikum und edlen Limousinen am Spielfeldrand. Nach einem Elitensport, bei dem nur Adlige und Reiche den Schläger und sich selbst aufs Pferd schwingen. Auch im pferdesportbegeisterten Dubai gibt es zwischen November und April viele hochkarätige Polo-Turniere, die von den royalen Familien der Vereinigten Arabischen Emirate, Hollywoodstars, Spitzensportlern und vielen weiteren Promis besucht werden. Doch hier können alle, die Lust auf das schnelle Game haben, auch selbst Polo spielen lernen. Zum Beispiel im Meliá Desert Palm Dubai.

Im Gegensatz zum 20 Kilometer entfernten Stadtzentrum gibt es dort viel Natur und herrliche Ruhe. Pool-Landschaft, Spa und verschiedene Restaurants vermitteln das Gefühl einer modernen arabischen Oase, und die Terrasse bietet einen wahren Postkartenblick auf die Skyline Dubais.

Wirklich außergewöhnlich ist das 160 Hektar große Polo-Gelände. Es ist Dubais Epizentrum des Polo-Sports und Sitz seines prestigeträchtigen Clubs. Mehrmals pro Saison werden hochkarätige Polo-Cups veranstaltet. Im Winterhalbjahr können die Gäste die Ställe besichtigen, reiten (auch lernen) oder Polo-Stunden nehmen. Dafür bietet das Hotel spezielle Arrangements. Beim Polo reiten jeweils vier Spieler pro Team auf Ponys gegeneinander an. In der rechten Hand halten sie einen Schläger, der Mallet oder Stick genannt wird. Mit diesem versuchen sie, einen 130 Gramm leichten Ball im gegnerischen Tor zu platzieren.

Wie überall in Dubai ist auch im Meliá Desert Palm der opulente Freitags-Brunch eine feste Größe. Direkt anschließend sind die Gäste ab 16 Uhr eingeladen, bei einem einstündigen Polo-Match zuzuschauen. Und wer doch plötzlich wieder Lust auf die quirlige Metropole hat, nimmt einen der kostenlosen Shuttlebusse zur Dubai Mall oder dem Strand beim Burj al Arab.

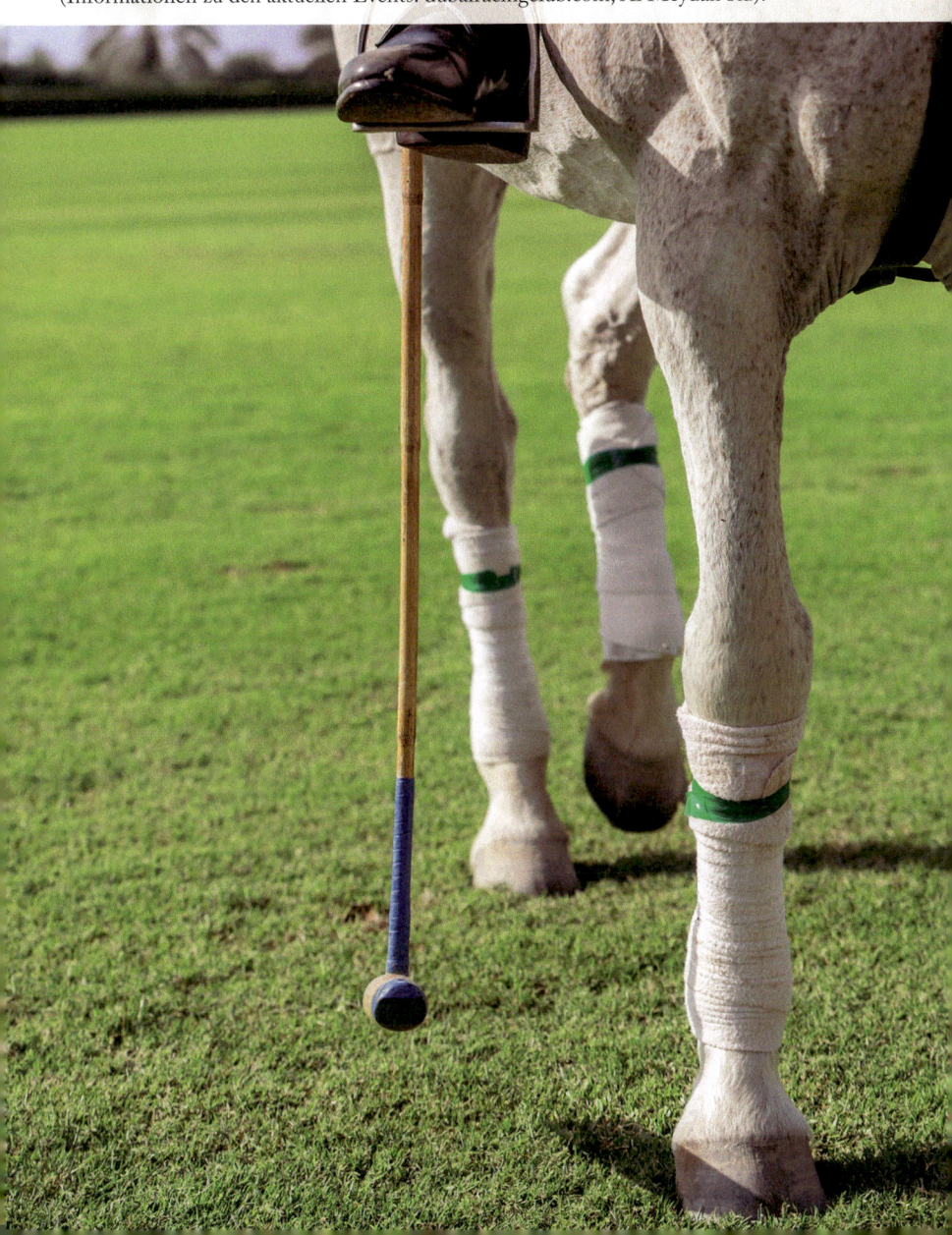

Adresse Al Awir Road, Google Koordinaten 5C9W+4M Dubai | **Öffnungszeiten**
Auskünfte zu den Polo-Spielen und -Kursen: reservations.dp@melia.com | **Tipp** Auch
der Besuch des Meydan Race Course, einer der beeindruckendsten Pferderennstrecken
der Welt, ist ein Erlebnis. Auf zwei Bahnen finden von November bis Mitte April
Rennen statt. Der Dubai World Cup, der jedes Jahr am letzten Märzsamstag stattfindet,
ist das höchstdotierte Pferderennen der Welt mit 35 Millionen Dollar an Preisgeldern
(Informationen zu den aktuellen Events: dubairacingclub.com, Al Meydan Rd).

82 Poseidons Rache
Diese Wasserrutsche ist nichts für zarte Gemüter

200 Kilometer Wasserrutschen auf 170.000 Quadratmetern. 18 Millionen Liter Wasser. Größte Wasserrutsche der Welt. Breiteste Rutsche der Welt. Und größter Wasserpark der Vereinigten Arabischen Emirate. Das Aquaventure wäre ohne derartige Rekordmeldungen wohl undenkbar – wie alles in Dubai. Im Jahr 2013 wurde es auf der Sichel der künstlichen Insel The Palm eröffnet und zieht, neben den Hotelgästen des rosafarbenen Riesenhotels Atlantis, täglich viele abenteuerlustige Badegäste an. Diese bekommen für einen happigen Eintrittspreis viel Spaß und Nervenkitzel. Doch selbst diejenigen, die furchtlos alle Pools, Wasserlandschaftslabyrinths, Röhren und Attraktionen ausprobieren, erfahren auf einer besonderen Rutsche den ultimativen Kick.

Zum Warmwerden kann man auf Doppelreifen auf dem Lazy River erst mal eine Runde durch den Park schippern. Das ist gemächlich und weitgehend unspektakulär. Dann locken die Erlebnisrutschen. Beim Zoomerango geht es nach ein paar Windungen erst rasant abwärts und dann blitzschnell wieder nach oben. Auch die Aquaconda hebt den Adrenalinspiegel. Man sitzt in großen Reifen und jagt, teilweise in Dunkelheit, durch viele Kurven und Windungen. Auf der Slitherine können zwei Badegäste durch lange, geschlossene Röhren gegeneinander wettrutschen. Macht auch Spaß! Shark Attack und Leap of Faith gelten als Top-Attraktionen. Beide sind extrem steil und schnell. Eigentlich toll. Ob es nötig ist, durch eine durchsichtige Röhre geschützt ein Aquarium mit Haien zu durchqueren, ist jedoch fraglich.

Wenn man glaubt, dass einen nun nichts mehr beeindrucken kann, wird es Zeit für Poseidon's Revenge. Man stellt sich in eine Kapsel, und unvermittelt klappt der Boden unter den Füßen weg. Mit 60 Stundenkilometern rast man quasi im Freifall abwärts, rauscht durch Loopings, schreit sich die Seele aus dem Leib und landet schon wieder im Becken.

Adresse Crescent Rd | **ÖPNV** Metro (rot) bis DMCC, dann Taxi bis Dubai Marina Mall Marine Transport Station und von dort Monorail bis Endstation | **Öffnungszeiten** täglich 10 Uhr bis Sonnenuntergang | **Tipp** Direkt neben dem Adventure Park wird derzeit das Royal Atlantis Resort gebaut, dessen Architektur Bezüge zu berühmten Bauwerken wie dem Kolosseum in Rom zeigt. Es soll 800 Zimmer und Suiten sowie einen begrünten Sky Pool mit Lounge haben.

83 Das Project Chaiwala
Aus Liebe zum Karak

Kaffee und Tee sind ewige Rivalen. Was man lieber mag, ist aber nicht nur eine Frage des Geschmacks, sondern auch der Herkunft. Während in Europa und Amerika die meisten Menschen Kaffee bevorzugen, liegt im arabischen Kulturkreis ganz klar Tee vorn. Ob morgens oder abends, im Büro oder bei einer Hochzeit: Tee geht immer. Am populärsten in Dubai ist Karak Chai. Die vielen Gastarbeiter vom indischen Subkontinent brachten ihn mit. Das Wort bedeutet in etwa »starker Tee«, ist aber viel mehr. In einem großen Topf werden die losen Blätter mit Gewürzen wie Kardamom, Nelken, Ingwer oder Safran sowie Dosenmilch und viel Zucker gekocht. Es gibt Hunderte oder sogar mehr Cafés, die Karak verkaufen. Meist halten die SUVs direkt vor dem Laden, hupen und geben Handzeichen, wie viele Becher sie wollen. Der Chaiwala (Tea Boy) bringt das Bestellte dann direkt zum runtergekurbelten Fenster.

Auch das Project Chaiwala begann mit kurzen Teepausen. Die Kollegen Justin Joseph und Ahmed Kazim arbeiteten im Finanzsektor und stellten fest, wie gut ihnen solch eine Auszeit von der Hektik der Betonwüste tat. Sie beschlossen, selbst Chai anzubieten, dabei aber auf Nachhaltigkeit zu achten. Deshalb besuchten sie Teeplantagen in Darjeeling und Sri Lanka und kauften nur von solchen Lieferanten, die auf solide Arbeitsbedingungen für ihre Angestellten achten. Nach zwei Jahren Testphase auf Veranstaltungen eröffneten sie ein kleines Café im Cinema Akil des hippen Kunstviertels Alserkal Avenue.

Ihr Gebräu wird anderthalb bis zwei Stunden gekocht. Dann gießen es geschickte Chaiwalas schwungvoll in kleine Tontassen ein. Vom Umsatz fließt ein Teil in soziale Projekte. Den Chai gibt es in verschiedenen Geschmacksrichtungen, neben Karak zum Beispiel Masala oder Safran. Er ist harmonisch, aromatisch und nicht zu süß. Project Chaiwala spielt auf jeden Fall in der Tee-Oberliga. Sehr sympathisch ist es obendrein.

Adresse Cinema Akil, Alserkal Avenue, Warehouse 68, Al Quoz Industrial District | **ÖPNV** Metro (rot) bis Noor Bank Station, von dort Taxi oder 20 Minuten Fußweg | **Öffnungszeiten** täglich 12–22 Uhr | **Tipp** Direkt neben dem Cinema Akil liegt die Schokoladenmanufaktur Mirzam. Hier können Kunden beim Kakaorösten und der Produktion zuschauen, aber auch an Verkostungen teilnehmen (www.mirzam.com/events, geöffnet So–Di 9–20, Mi–Sa 9–22 Uhr).

84__Raju Omlet

Für Eggetarians

Mehr als 50 verschiedene Eierspeisen, ein pittoreskes Interieur, günstige Preise und guter Karak (mit Milch und Gewürzen gekochter Tee), das sind die Grundzutaten für Raju Omlet.

Der indische Geschäftsmann Rajiv Meherish lebt schon seit 1980 in Dubai. Auf einer Reise in sein Heimatland landete er zufällig in einem schlichten Imbiss, der eigentlich schon geschlossen hatte. Dort wollte er nur einen schnellen Tee trinken. Doch der Wirt kredenzte seinem hungrigen Gast ein Omelette aus frisch gelegten Eiern. Das war der Beginn einer neuen Geschäftsidee. Zurück in Dubai holte Meherish seinen sympathischen Sohn Nakul, eigentlich Immobilienunternehmer, mit ins Boot. Gemeinsam eröffneten sie ein kleines Restaurant in Karama. Dieses Stadtviertel wird hauptsächlich von Indern sowie Einwanderern aus Bangladesch, Pakistan und Sri Lanka bewohnt. Im Sturm eroberten sie deren Herzen und Mägen. Und wie in Dubai üblich, wenn etwas gut läuft, kamen schnell weitere Filialen hinzu. Inzwischen sind es ganze fünf. Aber, und das unterscheidet sie von den sonstigen Ketten, jede einzelne von ihnen ist ganz individuell eingerichtet. Der Chef persönlich hat alle Bilder und urigen Schilder aus Indien mitgebracht und sie teilweise sogar selbst gemalt.

Weil Restaurantgäste zwar nicht auf ihre Lieblingsspeisen verzichten möchten, sich aber immer mal wieder etwas Neues auf der Speisekarte wünschen, wurde die Karte nach und nach erweitert. Zum Beispiel um ausgefallene Omelette-Kreationen, würzige Soßen, Chutneys und Currys sowie Reisspezialitäten. Oder um Sandwiches, deren Rezepturen aus dem legendären Willingdon Club in Mumbai stammen. Auch in Eierteig gebackenes Hühnchen steht auf der Speisekarte. Alle Gerichte haben einen spürbaren Hauch Indien. Und obwohl sie auf Wunsch weniger scharf zubereitet werden, damit auch westliche Gaumen gut mit ihnen zurechtkommen, bleibt das Team den traditionellen Gewürzmischungen treu.

Adresse Business Bay (andere Filialen gibt es in Al Karama, Al Quoz, Sharjah und Jumeirah Lake Towers) | **ÖPNV** Metro (rot) bis Business Bay | **Öffnungszeiten** täglich 8 – 23.30 Uhr | **Tipp** Auf dem Weg von der Metro zu Raju Omlet kommt man an einem ausgefallenen weißen Bürogebäude vorbei, dem O14. Mit 103 Meter Höhe und nur 23 Stockwerken gehört es eher zu den kleineren Wolkenkratzern. Seine markante Fassade mit vielen unterschiedlich großen Löchern wurde wie eine Hülle über das Gebäude gestülpt – mit einem Meter Abstand zur Fensterfront. Das sorgt für eine gute Luftzirkulation und schützt das Innere vor Hitze.

85 Das Ras Al Khor Wildlife Sanctuary

Das Vogelparadies

Manche Dinge gehören inzwischen untrennbar zu Dubai, zum Beispiel Wolkenkratzer, ständig neue Rekorde, zahllose Baustellen oder große Straßen auf Viadukten. Andere würde man überall vermuten, nur nicht hier. Wie Hunderte Flamingos, die sich mitten in der Stadt häuslich eingerichtet haben und sich offenbar pudelwohl fühlen.

Am südlichen Ende des Creeks gibt es eine flache, bewaldete Lagune, die heute als Ras Al Khor Wildlife Sanctuary unter Naturschutz steht. Ras Al Khor bedeutet wörtlich »Kopf der Bucht«, denn bevor der Water Canal gebaut wurde, endete Dubais natürliche Bucht hier. An diesem rund sechs Kilometer langen Gewässer machen in jedem Winter Zugvögel auf ihrem Weg von Westasien nach Ostafrika Station. Mehr als 250 Tier- und fast 50 Pflanzenarten leben hier. Zum Gebiet gehören Mangrovenwälder, einige kleine Inseln sowie ein Gezeitenwatt.

Selbst wenn man kein Vogelfreund ist, lohnt der Besuch. Die vielen Reiher, Sumpfläufer oder Pazifischen Goldregenpfeifer bilden einen so ungewöhnlichen Kontrast zur pulsierenden Stadt und deren markanter Skyline, dass der relativ naturbelassene Ort schon wieder surreal wirkt.

Die Kuba-Flamingos sind jedoch das Highlight. Manche sind nur im Winter hier, andere das ganze Jahr über. Auf ihrem Speisezettel stehen vor allem Würmer, Algen und kleine Krebse. Letztere sind auch für das kräftig rosafarbene Federkleid verantwortlich. Denn der mit den Krebsen aufgenommene Farbstoff wird in den Federn gespeichert. Damit Besucher die schlanken Vögel bewundern können, ohne sie zu stören, wurde eine Beobachtungsstation gebaut. Sie kann kostenfrei besucht werden. Durch einen langen Korridor, dessen Wände mit Naturmaterial abgedichtet sind, geht es zu einer Holzhütte. Von dort aus hat man einen freien Blick.

Adresse Ras Al Khor Bird Watching, Ras Al Khor Rd (E44), GPS-Koordinaten 25°11'36.1"N 55°18'47.1"E | **Anfahrt** nur mit dem Taxi oder Mietauto über die E44 erreichbar | **Öffnungszeiten** täglich 9–16 Uhr | **Tipp** Das nahe gelegene äthiopische Restaurant Zanzibar serviert authentische, günstige Gerichte wie Biryani, Currys, Pilau und gegrillten Fisch (297 Street 1, geöffnet täglich 8–21 Uhr).

86__Die RAW Coffee Company
Die Kaffeerösterei

Die meisten Menschen glauben, nicht ohne ihn auszukommen. Aber kaum jemand hat wirklich Ahnung von Kaffee. Ein Laden im Industrie-Viertel Al Quoz will das ändern. Obwohl in dem ehemaligen Lagerhaus auch kleine Kuchen, Desserts und Salate angeboten werden, dreht sich im Grunde alles um die braunen Bohnen und ihre Zubereitung. In der Mitte des großen Raumes steht ein u-förmiger Tresen, hinter dem mehrere Baristas mit unterschiedlichsten Methoden Kaffeespezialitäten kreieren. Ihnen zuzuschauen ist schon ein Erlebnis. Zum Beispiel bei der Zubereitung eines japanischen Cold Brews im Vakuum-Syphon, bei der die Gesetze der Physik sichtbar mit Wasser und Kaffee spielen, für ein spannendes Spektakel sorgen und dabei auch noch ein sehr aromatisches, harmonisches Gebräu entstehen lassen.

Wirklich angenehm ist, dass wissbegierige Gäste hier nicht nur geduldet, sondern ausdrücklich erwünscht sind. Was auch immer man zu Bohnen, Brühtechniken, Mahlgraden oder Maschinen wissen möchte – Nachfragen führt zu netten Gesprächen und wertvollen Informationen. Die Kaffee-Enthusiasten erklären, dass dieselbe Bohne viele verschiedene Aromen haben kann. Regelmäßig werden Workshops angeboten, in denen verraten wird, wie man zu Hause den optimalen Geschmack herausholt.

Hinter einer Glasscheibe liegt, fast etwas versteckt, das Herzstück des Ladens. Dort sitzt der Röstmeister bei der Arbeit. Er trägt Kopfhörer, mit denen er hoch konzentriert den Geräuschen der Bohnen lauscht. Wenn diese auf eine ganz bestimmte Weise knacken, ist der Röstgrad perfekt. Würde man diesen speziellen Moment verpassen, wäre die Charge verloren. Im ersten Stock befindet sich eine große Filteranlage, die den Härte- und pH-Wert des Wassers optimiert. Außerdem gibt es viele kleine, künstlerisch gestaltete Tische. Hierher können sich die Gäste zurückziehen, wenn sie Ruhe haben oder sich ungestört unterhalten wollen.

Adresse Warehouse 10, Ecke 7A/4A St, Al Manara Rd, Al Quoz 1 | **ÖPNV** Metro (rot) bis Noor Bank, dann circa sieben Minuten Fußweg | **Öffnungszeiten** So–Do 7.30–20 Uhr | **Tipp** Direkt nebenan liegt eine der Filialen von Raju Omlet (siehe Ort 84). Dort gibt es ein Dutzend Sorten Omeletts und weitere 50 Gerichte mit Ei (Real Estate International Building, Exit 43, Sheikh Zayed Rd).

87 Die Regenten-Galerie

Die spannende Unterseite der Business Bay Bridge

In Dubai hebt man automatisch den Blick zu den Wolkenkratzern. Doch manchmal liegt das Besondere nicht oben, sondern darunter.

Sieben Spuren führen von Bur Dubai nach Deira und sechs in die Gegenrichtung: Die 2007 eröffnete und zehn Jahre später aufwendig erweiterte Business Bay Bridge verbindet beide Stadtteile. In Stoßzeiten können hier 26.000 Autos pro Stunde den Creek überqueren. Auf dem Wasser ermöglicht eine 60 Meter breite und 15 Meter hohe Durchfahrt auch großen Schiffen eine ungehinderte Passage. Sechs Doppelpfeiler tragen die Last der viele Tonnen schweren Überführung. Zweifelsohne eine beeindruckende Konstruktion. Ihre weitere Nutzung ist aber einzigartig – und zugleich typisch für Dubai.

Sobald es dunkel wird, schalten sich an den unteren Viaduktkanten blaue Lichtbänder ein. Sie sorgen für eine kühle, technoide Atmosphäre. Die Pfeiler selbst werden jedoch von einem weicheren weißen Licht angestrahlt. Aufmerksamen Betrachtern fällt auf, dass diese nicht einfach aus glatten Betonplatten gegossen sind, sondern spitzbogige Nischen haben. Sie sind Grundlage für eine außergewöhnliche Outdoor-Galerie. Fünf Flächen wurden bereits aufwendig bemalt. Von links nach rechts zeigen sie Scheich Zayed bin Sultan Al Nahyan, den Gründer der Vereinigten Arabischen Emirate (VAE), daneben Scheich Rashid, den achten Herrscher aus der Familie Al Maktoum. Er hatte Dubai von 1958 bis zu seinem Tod im Jahr 1990 regiert. Scheich Khalifa bin Zayed Al Nahyan ist der aktuelle Präsident der VAE und zugleich Emir sowie Premierminister von Abu Dhabi. Die VAE-Fahne ziert das nächste Segment. Rechts ist das Porträt von Scheich Mohammed bin Rashid Al Maktoum zu sehen, seit dem Jahr 2006 Herrscher von Dubai, Vizepräsident und Premierminister der VAE. Fünf weitere Pfeiler sind mit (noch leeren) Porträtnischen ausgestattet – ein selbstbewusster Blick in die Zukunft.

Adresse Al Khail Rd | **ÖPNV** Metro (grün) bis Al Jaddaf | **Tipp** Ein klimatisierter Strand? Im luxuriösen Palazzo Versace war das tatsächlich geplant. Unter dem Sand verlegte Röhren sollten ihn an heißen Sommertagen kühlen. Das Projekt wurde verworfen, dennoch können Tagesgäste einen außergewöhnlichen Badetag in diesem Neobarockhotel verbringen. Das Angebot heißt Follow-the-sun Daycation. Man startet zum Sonnenaufgang am Ost-Pool, wechselt zum Mittag an den südlichen und zum Sonnenuntergang an den westlichen Pool. Dazu wird jeweils ein kulinarischer Gruß aus der Küche gereicht (täglich 7–21 Uhr, Buchung unter Tel. +971/45568805, Jaddaf Waterfront).

88 Der Rekord-Lift
Die Doppeldeckeraufzuge im Burj Khalifa

2.909 Treppenstufen führen in den 160. Stock des Burj Khalifa. Theoretisch könnte man also zu Fuß gehen. Doch zum Glück gibt es 65 Fahrstühle, die bis zu 35.000 Menschen täglich sicher nach oben und wieder hinunterbefördern. Dahinter steckt eine gewaltige Ingenieursleistung. Denn die Lifts müssen nicht nur tagein, tagaus absolut zuverlässig im Alltagsbetrieb funktionieren, sondern auch im Fall eines hoffentlich nie eintretenden Notfalls. Ein Ingenieur sagte dazu in einem Interview, dass das schnelle Stoppen einer bewegten Masse von 30 bis 50 Tonnen in etwa vergleichbar damit ist, einen Sattelzug über eine Klippe fahren zu lassen und ihn dann mitten in der Luft anzuhalten. Doch selbst für diese Herausforderung wurde eine Lösung gefunden, auch im Fall einer nötigen Evakuation könnten die Passagiere schnell, sicher und strukturiert aus dem Turm gebracht werden.

Die schnellsten, längsten und beeindruckendsten Aufzüge sind zweifellos diejenigen, die zu den Aussichtsetagen »At the Top« fahren. Nur die wenigsten Gäste bemerken, dass es Doppeldecker sind. Sogar die weltschnellsten. Sie erreichen den 124./125. Stock in knapp einer Minute und das mit Spitzengeschwindigkeiten von bis zu 36 Stundenkilometern oder 600 Metern pro Minute. Jede Fahrt wird von einem Buj-Khalifa-Mitarbeiter begleitet. Die zwölf bis 14 Passagiere spüren kaum etwas von dem rasanten Tempo. Weil sich die Fahrstühle im Inneren des Gebäudes befinden, kann man nicht aus dem Fenster schauen. Einzig die rasenden Zahlen der Anzeigetafeln verraten, dass bereits nach wenigen Sekunden eine beeindruckende Geschwindigkeit erreicht ist.

Seit ihrer Inbetriebnahme im Jahr 2010 haben die Doppeldecker-Lifts schon 400.000 Kilometer zurückgelegt, das ist mehr als die Strecke von der Erde zum Mond (384.400 Kilometer). Zu den vielen verschiedenen Weltrekorden, die Dubai hält, zählt übrigens auch der längste Fahrstuhlschacht. Er erstreckt sich über 140 Stockwerke.

Adresse Burj Khalifa (Zugang über das Untergeschoss der Dubai Mall) | **ÖPNV**
Metro (rote Linie) bis Dubai Mall/Burj Khalifa, bitte 20 Minuten Fußweg bis zum
Aufzug einplanen | **Öffnungszeiten** Vorab-Buchung ist empfohlen, zum Beispiel unter
www.burjkhalifa.ae | **Tipp** Der höchste Souvenir-Shop Dubais befindet sich auf der Aus-
sichtsplattform »At the Top« im 124. Stock. Dort schießen professionelle Fotografen auf
Wunsch ein Erinnerungsbild. Auf derselben Etage zieren riesige handgemalte Flügel eine
Fensterscheibe. Wer seinen persönlichen Engel selbst knipst, hat einen perfekten Spot mit
der Skyline von Dubai im Hintergrund.

89 Der schönste Fitnessparcours

Work-out mit Sightseeing

Sport in Dubai und das auch noch unter freiem Himmel? Klingt mutig, denn im Sommer erreichen die Temperaturen gefühlt die einer Sauna kurz vor dem Aufguss. Tatsächlich hilft es zwischen April und Oktober nicht mal, vor dem Morgengrauen oder spätabends die Laufschuhe zu schnüren, es ist einfach zu heiß.

In den Wintermonaten bietet die Stadt hingegen einige tolle Sightseeing-Laufstrecken. Wie die viereinhalb Kilometer lange Runde um die Dubai Marina, bei der man die höchsten Wolkenkratzer-Solitäre, den Yachthafen und den künstlichen See bewundern kann. Oder entlang des Dubai Water Canals. Der Uferweg mit direktem Blick auf die Skyline ist drei Kilometer lang. Dann überquert man eine der Fußgängerbrücken und läuft auf der anderen Seite zurück. Dort gibt es Bänke zum Relaxen samt kostenlosen Ladestationen fürs Smartphone. Eine größere Runde mit Dauermeerblick beginnt nahe des ikonischen Burj Al Arab an der Jumeirah Beach Road. Auf einem breiten Pfad führt sie am Jumeirah Public Beach und dem Kite Beach vorbei bis zum Dubai Marine Resort und wieder zurück. Insgesamt sind das 14 Kilometer. Unterwegs, am Umm Suqeim Beach, gibt es ein kleines, kostenfreies Outdoor-Gym. Dieser Strandabschnitt bietet auch einen nicht zu toppenden Postkartenblick aufs Burj Al Arab – vor allem, wenn sich die Sonne kurz vor dem Untergang glutrot im Meer spiegelt und das Luxushotel in ein warmes Licht taucht.

Der mit Abstand coolste Firnessparcours liegt direkt in Downtown. Morgens vor 10 Uhr ist fast niemand zwischen Dubai Mall, Burj Lake, Burj Khalifa, der Dubai Opera und dem angrenzenden Burj Park unterwegs. Das berühmte Ensemble beim Vorbeilaufen aus wechselnden Perspektiven zu betrachten, ist kaum zu toppen. Der schönste Ort für ein spontanes Work-out mit Top-Sicht liegt unmittelbar daneben auf dem begrünten Dach vor der Oper.

Adresse Sheikh Mohammed bin Rashid Blvd | **ÖPNV** Metro (rot) bis Burj Khalia/ Dubai Mall, dann rund 15 Minuten Fußweg | **Tipp** Das schrägste Work-out gibt es in einem Hotel an der Marina. Beim Aquaspin tritt man im Pool zu motivierender Musik in die Pedale. Nur Kopf und Schultern schauen aus dem Wasser. Die Kurse dauern 45 Minuten und finden täglich statt. Man muss kein Hotelgast sein, sollte aber vorab buchen (www.aquaspin.ae/class-booking, InterContinental Dubai Marina, 2. Etage, Bay Central, King Salman Bin Abdulaziz Al Saud St).

90 Das Schwimmen mit Skyline

Der spektakuläre Pool im höchsten Hotel der Welt

Dubai hat die Kreation von Superlativen quasi zum Standard gemacht. Neue Gebäude, Orte und Attraktionen mit dem Zusatz »welthöchster«, »-größter«, »-teuerster« oder »-bester« entstehen in so schneller Folge, dass man im Guinness-Buch der Weltrekorde eigentlich ein Dubai-Kapitel anlegen könnte. Zieht Konkurrenz nach, gibt es wenig später in der Übermorgen-Stadt einen neuen Rekord.

Aktuell kann sich das Gevora an der Sheikh Zayed Road mit dem Titel des höchsten Hotels der Welt schmücken. Mit seinen 356,3 Metern ist es so hoch wie der Berliner Fernsehturm (368 Meter). Es überragt den vorherigen Weltrekord-Halter, das vier Kilometer entfernt gelegene JW Marriott Marquis, um einen Meter. Zum Erreichen dieser Höhe war der goldene Gitteraufbau auf dem Dach sicher hilfreich.

Vom 280 Meter hohen Rooftop in der 75. Etage ist die 360-Grad-Aussicht grandios – unter anderem zum Burj Khalifa. Das Highlight, der Pool, liegt aber in der 12. Etage. Er ist 25 Meter lang und bietet einen atemberaubenden Blick auf die Skyline. Um ihn zu genießen, muss man kein Hotelgast sein, auch Tageskarten sind erhältlich. In diesen ist der Besuch des Aussichtsdecks übrigens inklusive. Allerdings gibt es rund um das Becken nicht viele Liegen. In der Hauptsaison (Oktober bis März) ist es deshalb empfehlenswert, schon früh zu kommen. Später am Tag sind Wartezeiten möglich. Oder man nimmt einfach auf einem Stuhl Platz.

An der Pool-Bar nebenan kann man den ganzen Tag essen, trinken oder Shisha rauchen. Das Hotel hat übrigens keine Alkohollizenz.

Ursprünglich war das Gebäude als Wohnhaus konzipiert. Während der Konstruktion änderten sich die Pläne, und ein Hotel entstand.

Adresse Gevora Hotel, 101 Sheikh Zayed Rd | **ÖPNV** Metro (rot) bis World Trade Centre oder DIFC | **Öffnungszeiten** Overview Pool Lounge täglich 8 – 22 Uhr, Rooftop 8 – 21 Uhr | **Tipp** Ein weiterer lohnender Pool mit Super-Aussicht befindet sich in The Address Dubai Marina. Die Terrasse in der 4. Etage ist zwar nicht sehr hoch gelegen, bietet aber einen perfekten Blick auf die gesamte Marina. Inklusive im Preis der Tageskarte ist ein Speisen- und Getränkegutschein (Shades, The Address Dubai Marina, Al Marsa St; geöffnet täglich 7 – 20 Uhr, Metro (rot) bis DMCC).

91 Das Scoopi

Gestatten, das teuerste Eis der Welt

Sonne, Meer und ein toller Strand sind die Grundlage eines gelungenen Urlaubstages. Für viele gehört auch ein leckeres Eis dazu. So richtig günstig ist das in Dubai nirgendwo, im Schnitt kostet eine Kugel umgerechnet zwischen vier und sechs Euro. Doch das sind noch wahre Schnäppchen im Vergleich zum Scoopi. Denn Dubai kreiert nicht nur bei der Höhe der Skyscraper, den luxuriösesten Hotels oder der Mall-Größe Weltrekorde, sondern auch bei den Eis-Preisen. Wer es mal richtig krachen lassen will, kann sich im Scoopi Café nahe dem Kite Beach »The Black Diamond« für 2.999 VAE-Dirham pro Portion gönnen. Das sind mehr als 700 Euro. Pro Kugel wohlgemerkt!

Dafür gibt's: Vanilleeis. Bei der Herstellung wird flüssiger Stickstoff verwendet. Das soll dafür sorgen, dass sich keine Eiskristalle bilden und das Eis cremig-zart und homogen bleibt. Die Kugel wird mit iranischem Safran und schwarzen Alba-Trüffel-Scheiben dekoriert und mit 23-karätigem, essbarem Blattgold bestreut. Stilecht kommt es in einem Versace-Schüsselchen, das im Preis inbegriffen ist.

Der indische Scoopi-Gründer Zubin Doshi hat definitiv ein gutes Händchen für Marketing. Viele Gäste kommen extra, um zumindest einen Blick auf das Blingbling-Eis zu werfen. Doch das wird, so erklärt der Chef, nur auf Bestellung hergestellt. Wie oft es bisher verkauft wurde? Zwei Amerikaner seien extra mal deswegen gekommen. Dennoch lohnt der Besuch in seinem Laden. Das Eis ist gut, es wird täglich frisch gemacht und auf Wunsch in knallbunten Waffelhörnchen serviert. Neben klassischen Sorten gibt es zum Beispiel Rosen- oder Safran-Pistazien-Eis. Auch der pechschwarze Charcoal Milkshake (Holzkohle-Shake) und das Charcoal Ice sind echte Renner. Paan, mit dem Geschmack des südostasiatischen Betelpfeffers, Avocado-Eis mit Schoko-Nachos und Pani Puri kitzeln – zu normalen Preisen – die etwas experimentierfreudigeren Geschmacksknospen.

Adresse Flagship Store: 800 Jumeirah Beach Rd, Umm Suqeim 2 | **ÖPNV** Metro (rot) bis First Abu Dhabi Bank, dann Taxi oder Bus 8 (fährt fast den gesamten Strand entlang) bis Marhaba Masjid 2 | **Öffnungszeiten** Sa–Mi 13.30–0.30, Do 13.30–2, Fr 14–2 Uhr | **Tipp** Wenn man (vielleicht mit dem Eis in der Hand) die Jumeirah Beach Road entlangschlendert, biegt direkt nach dem Wild Wadi Water Park eine Straße zum Burj Al Arab ab. Vom Beginn der Brücke, die zu dessen künstlicher Insel führt, kann man Dubais segelförmiges Wahrzeichen hervorragend fotografieren.

92__Seconds

Luxus-Sparen bei ganz großen Namen

Die Boutique ist hell und freundlich, edle Designerstücke bekannter Luxus-Marken stehen dicht an dicht. Erst beim Blick auf die Etiketten merkt man: das Seconds ist ein Geschäft für Mode aus zweiter Hand. Das bleibt in Dubai, wo alle auf der Jagd nach Neuem und Spektakulärem sind, die große Ausnahme. Die Gebraucht-Shops der gesamten Stadt lassen sich an einer Hand abzählen.

Als der Laden 2012 eröffnet wurde, handelte er vor allem mit Antiquitäten. Die meisten Leute, die ins Emirat ziehen, kommen wegen eines temporären Jobs. Wenn der beendet ist und sie keine neue Stelle in Dubai antreten, ziehen sie weiter. Keine Arbeit, keine Aufenthaltserlaubnis. Nicht alle möchten ihre Einrichtungsgegenstände, die Kunst oder Silberleuchter mitnehmen, selbst wenn es sich dabei um sehr edle Stücke handelt. So entstand die Idee zu einem Secondhandshop für Luxusmobiliar. Im Laufe der Zeit kamen aber auch immer mehr Leute, die Handtaschen oder Kleidung der angesagtesten Designer-Brands verkaufen wollten. Sei es, weil sie ihren Besitz für einen Umzug reduzieren, Platz für etwas Neues schaffen oder sich von einem ungeliebten Geschenk trennen wollten.

Viele der Stücke sind nagelneu und noch nie aus den Originalkartons und -tüten geholt worden. Die Kunden haben natürlich nichts dagegen, wenn sie Luxusartikel ein wenig günstiger bekommen. Oder wenn sie bestimmte Designer-Lieblinge überhaupt kriegen. Vintage-Handtaschen von Chanel oder ohnehin heiß begehrte, limitierte Editionen von Hèrmes erreichen im Laufe der Jahre oft einen regelrechten Kultstatus, sind kaum noch zu finden und kosten mehr als Schmuck. Vor dem Ankauf werden alle Stücke bei den Herstellern auf Echtheit geprüft. Beim Stöbern braucht es oft ein bisschen Glück: Denn man kann ja nicht nach einer bestimmten Größe greifen. Deshalb fühlt sich der Besuch im Seconds immer etwas wie Schatzsuche an und kann in sehr schöne Überraschungen münden.

Adresse Times Square Centre, Erdgeschoss, Sheikh Zayed Rd., zwischen 3. und 4. Interchange | **ÖPNV** Metro (rot) bis First Abu Dhabi Bank, dann 15 Minuten Fußweg entlang der Sheikh Zayed Rd | **Öffnungszeiten** So – Do 10 – 22 Uhr, Fr – Sa 10 – 24 Uhr | **Tipp** Im Elektrogeschäft Sharaf (unter anderem im Times Square Centre) gibt es Automaten mit Laptops, Smartphones und Kameras.

93_Die Sharing Fridges
Die Ramadan-Kühlschränke

Der Fastenmonat Ramadan gehört zu den fünf Säulen des Islam. Er erinnert an die Zeit, als dem Propheten Mohammed der Koran offenbart wurde. Jedes Jahr verzichten erwachsene Muslime ab der Pubertät während dieser Phase rund vier Wochen lang von der Morgendämmerung bis zum Sonnenuntergang auf Speisen und Getränke. Ramadan ist immer im neunten Monat des islamischen Kalenders. Er beginnt und endet zu Neumond. Die Zeitspanne verschiebt sich jährlich um zehn oder elf Tage, denn der islamische Kalender richtet sich nach dem Mondkalender. Dessen Jahr hat nur etwa 354 Tage. Deshalb wandern in etwa 34 Jahren alle Monate und Feiertage einmal rückwärts durch den gesamten Kalender, und Muslime erleben Ramadan sowohl im Sommer wie auch im Winter.

Neben dem »äußeren« Fasten gibt es aber auch eine »innere« Dimension. Muslime sollen während des Ramadans noch mehr darauf achten, sich von Sünden und körperlichen Gelüsten freizuhalten. Sex, Alkohol und Rauchen sind tabu. Außerdem beten die Gläubigen mehr und sollen für wohltätige Zwecke spenden. In Dubai hat sich seit einigen Jahren eine beeindruckende Tradition etabliert. Sie startete, um den vielen Gastarbeitern, die in Rekordtempo an der Stadt weiterbauen, etwas zurückzugeben und kostenlosen Zugang zu Speisen und Getränken zu ermöglichen. Inzwischen machen mehr als 25.000 Menschen sowie zahlreiche Unternehmen mit, die Aktion steht heute unter Patronage des Roten Halbmondes, dem Äquivalent zum Roten Kreuz.

Jeweils einige Tage vor Ramadan-Beginn werden an mehr als 200 Stellen große Kühlschränke für Bedürftige aufgestellt: von Unternehmen, Hotels, Organisationen und Privatpersonen. Wer etwas für Bedürftige tun will, deponiert dort frische Früchte, alkoholfreie Getränke, Laban, Kekse oder Süßigkeiten. Zum Iftar, dem Fastenbrechen nach Einbruch der Dunkelheit, können sich die Menschen daran bedienen.

Adresse während des Ramadans in der gesamten Stadt verteilt, zum Beispiel am Wyndham Dubai Marina Hotel an der Dubai Marina, Al Seba St; eine Liste aller Orte veröffentlicht die Ramadan Sharing Fridges Community online: facebook.com/RamadanSharingFridges | **Tipp** Nichtmuslimische Gäste müssen in Dubai nicht fasten. Allerdings wird auch im toleranten Dubai Respekt vor dem Islam erwartet. In der Öffentlichkeit sollte zu dieser Zeit weder gegessen noch getrunken werden (auch kein Schluck aus der Wasserflasche). Man sollte auf angemessene Kleidung achten und keinesfalls in der Öffentlichkeit Zärtlichkeiten austauschen.

94 Das Sheikh Saeed Al Maktoum House

Die royale Residenz

Im Jahr 1896 wurde an der Creek-Mündung im historischen Stadt-teil Al Shindagha eine Residenz für die Herrscherfamilie Al Mak-toum gebaut. Im Vergleich zu heutigen Palästen wirkt die Architektur relativ schlicht. Zunächst gab es hier weder fließendes Wasser noch elektrisches Licht. Doch die Lage des zweistöckigen Komplexes war schon damals besonders exponiert. Zudem wurde die Bauweise rund um den geräumigen Innenhof clever an die klimatischen Bedingun-gen der Region angepasst. Bei Hitze sorgten Raumanordnung, Arka-dengänge und Windtürme für die nötige Luftzirkulation. Zugleich schützten sie vor nächtlicher Kühle.

Auch Scheich Saeed bin Maktoum Al Maktoum, der die Regent-schaft im Jahr 1912 übernahm, lebte mit seiner Familie dort. Das Anwesen befand sich mitten im Wohnviertel – ohne abgrenzende Zäune. Damals war es üblich, dass die Menschen direkt zu ihrem Regenten kommen konnten, um Dinge zu erbitten oder auch, um sich über Missstände zu beschweren. Zu bestimmten Zeiten nahm der Emir vor dem Gebäude auf einer Bank Platz, seine Bediensteten hielten sich in respektvoller Entfernung. Wer immer den Herrscher dort sah, konnte ihn ansprechen und sein Anliegen direkt vortragen.

1949 wurde Scheich Mohammed bin Rashid Al Maktoum, der heutige Regent von Dubai, Vizepräsident und Premierminister der Vereinigten Arabischen Emirate, in der Residenz geboren. Als er neun Jahre alt war, starb sein Großvater, Vater Rashid übernahm die Herrschaft, und die Familie zog in den Zaabeel-Palast um.

Die alte Residenz am Creek stand zunächst leer. Dann wurde sie umfassend restauriert und als Museum wiedereröffnet. Es bietet einen spannenden Parcours durch die Geschichte Dubais, mit his-torischen Fotos, Dokumenten, Münzen und Briefmarken. Von der oberen Etage aus hat man einen grandiosen Blick auf den Creek.

Adresse Uferpromenade hinter der Al Khaleej Rd, Al Shindagha | **ÖPNV** Metro (grün) bis Al Ghubaiba | **Öffnungszeiten** Sa–Do 8–20.30, Fr 15–21.30 Uhr | **Tipp** Entlang der Promenade gibt es einige spannende Museen, wie das Saruq-A-Hadid-Archäologie-Museum und das House of Poetry.

بيت
الشيخ سعيد آل مكتوم

SHEIKH SAEED AL-MAKTOUM HOUSE

USEUM OF HISTORICAL PHOTOGRAPHS
ND DOCUMENTS OF DUBAI EMIRATE

95 Die Sheikh Zayed Road

Die Hauptschlagader Dubais

Vor 40 Jahren ließ Dubais damaliger Herrscher, Scheich Rashid bin Saeed Al Maktoum, ein Hochhaus errichten. Als das 39-stöckige World Trade Centre 1979 eröffnet wurde, war es mit 149 Metern das höchste Gebäude am Persischen Golf. Dennoch spotteten viele Beobachter, in diesem verschlafenen Nest brauche kein Mensch einen Wolkenkratzer. Noch dazu mitten in der Wüste, weit entfernt vom Stadtzentrum – und damit von allem. Rundherum gab es buchstäblich nichts, kein Haus, keinen Baum. Nur eine schmale Straße, die von Abu Dhabi nach Dubai führte und gerade erst die Sandpiste der vergangenen Jahrhunderte ersetzt hatte. Transporte zwischen beiden Emiraten und auch innerhalb Dubais hatten bis Mitte des 20. Jahrhunderts Kamele oder Esel erledigt, später waren Autos dort entlanggeholpert.

Ein Vierteljahrhundert später standen entlang der Trasse und in Nähe des entgegen allen Unkenrufen ziemlich erfolgreichen World Trade Centre erst eine Handvoll weiterer Gebäude. Noch immer lagen sie weitab vom Geschehen der rasant wachsenden Stadt. Aber die Straße war inzwischen erweitert worden und nun in beide Richtungen zweispurig. Der innerhalb Dubais gelegene Abschnitt hatte außerdem in den 1990ern einen neuen Namen bekommen, zu Ehren von Sheikh Zayed, dem damaligen Emir von Abu Dhabi und ersten Präsidenten der Vereinigten Arabischen Emirate. Im Gegenzug bezeichnet das Nachbaremirat seinen Teil als Sheikh Maktoum bin Rashid Road.

Das scheint Lichtjahre her zu sein. Heute ist das Stadtzentrum dort, wo die mittlerweile 14-spurige Sheikh Zayed Road verläuft. Neben dem inzwischen fast nostalgisch anmutenden World Trade Centre drängeln sich zu beiden Seiten fast 100 Wolkenkratzer, die bedeutendsten Sehenswürdigkeiten und Malls. Die rote Metro-Linie fährt auf einem Viadukt über dem Mittelstreifen. Und noch immer ist die Sheikh Zayed Road die einzige Straße zwischen Dubai und Abu Dhabi.

Adresse zwischen dem World Trade Centre und der Grenze zu Abu Dhabi | **ÖPNV** Metro (rot): alle Stationen zwischen World Trade Centre und UAE Exchange | **Tipp** An Wochenenden und Feiertagen nutzen viele die Sheikh Zayed Road auch gezielt, um zu einem beliebten Rastplatz zu fahren, der kurz vor der Grenze zu Abu Dhabi liegt. Last Exit 11 hat einen großen Street-Food-Parcours. Und ganz nebenbei: Dort gibt es die schrägsten stillen Örtchen.

96 Das Sky 2.0

Hier feiern die Reichen und Schönen

Für die meisten Arbeitnehmer in Dubai endet die Woche am Donnerstagabend. Dann quellen Clubs, Bars, Restaurants und die Zubringerstraßen über. Freitag ist für die Muslime ein Feiertag, doch das kosmopolitische Nachtleben pulsiert. Auch reiche Töchter und Sohne aus anderen Emiraten, dem Iran und dem Libanon jetten übers Wochenende zum Feiern herüber.

Viele extravagante Locations liegen innerhalb von Luxushotels. Denn nur sie und bestimmte Clubs haben die Lizenz zum Alkoholausschank. Theoretisch dürften Touristen auch nur in ihrem eigenen Hotel Promillehaltiges konsumieren. Aber das wird leger gehandhabt, solange sie nicht alkoholisiert in der Öffentlichkeit auffallen. Im Moment ist jedoch viel Bewegung in der Partyszene. Unter anderem, weil ein Top-Club im Design District starke Konkurrenz bekommen hat. Bisher ließen sich die Reichen und Schönen in ihren Ferraris, McLarens, Porsches oder aufgemotzten SUVs direkt zum BASE kutschieren. Dort konnten sie ihre teuren Klamotten ausführen, feiern, posen und das Geld mit beiden Händen ausgeben. Nun haben sie jedoch die Qual der Wahl. Denn direkt gegenüber hat das Sky 2.0 eröffnet. Es wirkt von außen wie ein großes weißes UFO, ist ein Ableger der berühmten Skybar aus Beirut und bietet 2.500 Nachtschwärmern Platz.

Obwohl freizügige Kleidung sonst in Dubai tabu ist, gelten hier andere Regeln: kurzer Rock oder schickes Kleid und High Heels für Frauen und Hemd oder edles Shirt für Männer sind gesetzt – all das, was auch in South Miami Beach, Ibiza und London Standard-Uniform wäre. Wie im BASE legen auch hier die prominentesten DJs auf, präsentieren die Mode-Aficionados ihre Designer-Accessoires wie Trophäen. Hier wie dort macht der Mix aus Musik, extravagant kostümierten Tänzern, Pyrotechnik, Stroboskoplicht, perlenden Getränken und bunten Cocktails die Stimmung. Welcher Club die Nase vorn hat, ist noch offen.

Adresse Design District – gegenüber vom BASE | **ÖPNV** Metro (rot) bis Burj Khalifa/
Dubai Mall, dann Taxi | **Öffnungszeiten** Mi–Fr 21–3 Uhr | **Tipp** Auch für das White
Dubai lohnt sich die etwas weitere Anfahrt. Der Club liegt auf der Dachterrasse der
Meydan-Pferderennbahn und bietet einen riesigen Dancefloor, eine enorme u-förmige Bar
und einen tollen Blick über Dubais Skyline. Oft legen Weltstars auf – oder sind zu Gast
(Rooftop Venue, Meydan Hotel, Grandstand, Al Meydan Road, Nad Al Sheba; Metro (rot)
bis Business Bay, dann Taxi, geöffnet täglich 23–3 Uhr).

97__Die Sleeping Pods

Für ein Nickerchen in der Dubai Mall

Shopping ist für viele das Schönste im Urlaub und die Dubai Mall in dieser Hinsicht das Schlaraffenland schlechthin. Doch bei mehr als 1.200 Geschäften kann sich zwischendurch schon mal ein kleines Formtief breitmachen. Wer kurz ausruhen oder ein kleines Nickerchen machen, den Kopf ab- und die Füße hochlegen will, geht in den ersten Stock der Grand Parking Lobby. Dort, wo es deutlich ruhiger ist als in den immer belebten Einkaufspassagen, stehen 15 Sleeping Pods. Das sind große, eiförmige Kapseln, die mit je einer höhenverstellbaren Liege ausgestattet sind. Man kann sie für schnelle 30 Minuten, aber auch für eine oder mehr Stunden buchen.

Tasche und Einkaufstüten werden in einem geräumigen Fach unter der Liege verstaut. Dann nimmt man im schlichten Inneren Platz, zieht die Schuhe aus und fährt die Rückenlehne bis zur gewünschten Position herunter. Wer es noch ein bisschen bequemer haben möchte, mietet zusätzlich Kissen und Decke. Gut durchdacht ist das an der Seite angebrachte Pult mit Anschlussmöglichkeiten für USB- und Smartphone-Kabel. Hier können Handy, Laptop oder Kamera gleich mit aufgeladen werden. Sobald die Faltabdeckung heruntergezogen und der Sleeping Pod verschlossen ist, kann es losgehen mit der Siesta. Das Innere ist erstaunlich geräumig und selbst für Personen von 1,80 Meter Körpergröße geeignet. In der Decke gibt es genügend Luftlöcher, sodass man weder Platzangst noch Atemnot fürchten muss. Außerdem gelangt auf diese Weise noch ein bisschen Licht ins Innere, und man liegt nicht absolut im Dunkeln.

Durch die Nähe zum Parkhaus hört man leider noch immer viel von der Umgebung. Auch Schnarcher aus den Nachbar-Sleeping-Pods können die eigene Ruhe trüben. Deshalb gibt es zum gebuchten Schlafmenü Silikonstöpsel dazu. Wer sich erfrischt fühlt und genug hat, schiebt das Cover einfach wieder auf. Und weiter geht's mit dem Shoppen und Entdecken.

Adresse Dubai Mall, Grand Parking Lobby, 1st Floor | **ÖPNV** Bus 27, 29, 29, 50, 81 bis The Dubai Mall und zwei Minuten Fußweg oder Metro (rot) bis Dubai Mall/Burj Khalifa und 20 Minuten Fußweg | **Öffnungszeiten** täglich 12 – 23 Uhr | **Tipp** Auch im Terminal 3 des Flughafens von Dubai gibt es Sleeping Pods.

98 Der Souk am Creek

Gekonntes Feilschen sichert Schnäppchen

Wie viel ist zwei plus zwei? Ein arabisches Sprichwort antwortet augenzwinkernd: »Kommt darauf an: Kaufst du oder verkaufst du?« Wer in Dubai auf einem der vielen Märkte (Souks) ein Schnäppchen machen will, muss geschickt im Verhandeln sein. Doch in der Regel haben am Ende die Verkäufer die Nase vorn. Natürlich kennen die Touristen die Strategien der schlitzohrigen Händler: »Where are you from? Wo kommen Sie her? Spezial-Preis für dich!« Weil sie nicht über den Tisch gezogen werden wollen, hasten viele eilig an den rufenden und anpreisenden Ladenbesitzern vorbei. Dabei kann das Feilschen Spaß machen. Man muss sich nur darauf einlassen, dass in der arabischen Kultur anders gehandelt wird. Erst verkauft man sich selbst und kommt erst dann zum eigentlichen Geschäft. Auf dem Bur Dubai Souk (auch Textile Souk genannt), einem der ältesten Märkte der Stadt, ist das nicht anders.

Dicht an dicht reihen sich Geschäfte entlang langer Gassen. Angeboten wird fast alles: von bunten Schals und Gewändern über Shishas, kitschige Souvenirs und Seidenpantoffeln bis zu Nüssen, Schokolade, Tee und Gewürzen. Natürlich sind hier viele Touristen unterwegs, auf die sich die Verkäufer stürzen. Entweder lehnt man mit einem bestimmten »Nein, danke« ab, geht einfach weiter oder steigt ins Spiel ein. Dabei können sich durchaus sympathische Gespräche entwickeln.

Bei der Preisverhandlung wird der Händler fiktive Bekanntschaftsverhältnisse aufbauen (»mein Freund«, »mein Bruder«) und beteuern, dass er dasselbe Produkt gestern für die dreifache Summe verkauft hat. Vielleicht stimmt das sogar. Trotzdem sollte man mit einem Drittel des Angebotes einsteigen. Nicht irritieren lassen, wenn die anfängliche Herzlichkeit zu Empörung und Ablehnung wechselt! Theatralische Schauspielerei gehört dazu. Danach verhandelt man unerschrocken weiter. Ziel ist, dass beide mit dem erzielten Preis zufrieden sind.

Adresse Start an der Bur Dubai Abra Station, 3A St/34th St | **ÖPNV** Metro (grün) bis Al Ghubaiba und zehn Minuten Fußweg oder von Deira (Old Souk Abra Station) aus direkt mit dem Wassertaxi bis zum Souk | **Öffnungszeiten** täglich 9–22.30 Uhr | **Tipp** Auf der gegenüberliegenden Creek-Seite, in Deira, kann man das Feilschen gleich weiter üben. Dort liegt der Spice Souk (Gewürzmarkt).

99__Das Tanuki

Das Restaurant, in dem ein Roboter kellnert

Wie kommt man eigentlich auf die Idee, ein Restaurant »Marderhund« (Tanuki) zu nennen? Vielleicht, weil Tanuki mit ihren kindlichen Gesichtern und den großen Augen in Japan als drollige Glücksbringer gelten. Oder auch, weil sie gerade rasant in fremden Ländern heimisch werden.

Das Tanuki wäre eigentlich ein ganz normales pan-asiatisches Restaurant in der Dubai Mall. Es ist hell, freundlich, modern. An den Wänden gruppieren sich lange Tischreihen mit Holzstühlen, darüber sind Holzpaneele kunstvoll arrangiert. Hierher kommt man gern zum Lunch oder Dinner, allein oder auch in größerer Runde, um die angebotenen Klassiker zu verputzen: Sushi, Dim Sum, Wok-Gerichte, Salate und Suppen. Die Speisen sind frisch, gut gemacht und schmecken.

Das wirkliche Highlight ist aber Tanukis abgefahrener Kellner. Mit ungefähr 1,60 Meter Größe ist der zwar kein Hüne. Dafür punktet er mit breiten Schultern, einer schmalen Taille und einem beeindruckenden Augenaufschlag. Der coole Typ hat blendende Manieren, pfeift Passanten nicht hinterher und spricht sie nicht ungefragt an. Aber wer sich auf ein Gespräch mit ihm einlässt, kann was erleben. Geduldig wartet der Roboter-Mann am Eingang – stolz in die japanischen Farben Weiß und Rot gehüllt. Wenn man ihn begrüßt, antwortet er freundlich. Er schüttelt die Hand, erklärt das Menü und nimmt auch gleich Bestellungen auf. Ab und zu rollt der sympathische Gastgeber ein bisschen hin und her, dreht den Kopf oder schließt seine blauen Augen. Wenn er gut drauf ist, lächelt er besonders breit und bietet seinem Gegenüber Geschenke an: Gutscheine, die sofort ausgedruckt werden – für Speisen oder ein Dessert. Aber auch Roboter brauchen manchmal Liebe. Wenn man sich vor dem Metall-Gesellen aufbaut und ihm »I love you« entgegenhaucht, sieht er rot. Dann sprühen seine Augen feurige Herzchen, er singt und tanzt fröhlich.

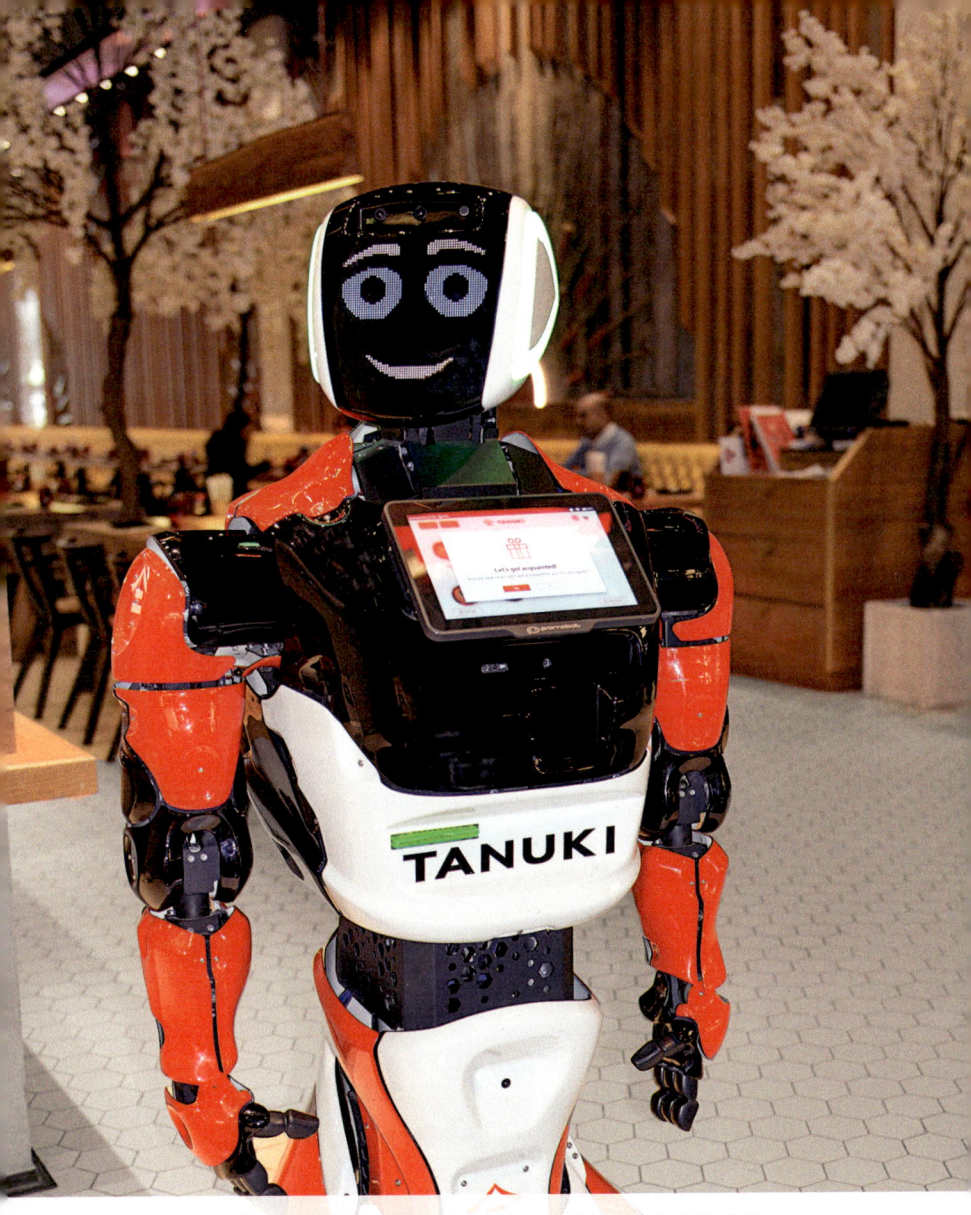

Adresse Dubai Mall, Ground Level, Sheikh Mohammed bin Rashid Blvd, Downtown Dubai | **ÖPNV** Metro (rot) bis Dubai Mall/Burj Khalifa | **Öffnungszeiten** täglich 11–1 Uhr | **Tipp** Im Gold Souk der Dubai Mall steht ein echtes Dinosaurier-Skelett. Als es im Jahr 2008 in Wyoming (USA) entdeckt wurde, waren circa 90 Prozent der 360 Knochen noch vorhanden und intakt. Das Skelett wurde innerhalb von zwei Jahren ausgegraben und untersucht. Dabei fanden Forscher heraus: Es war ein junges Diplodocus-Longus-Weibchen. Die Höhe von 7,60 und Länge von 24,40 Metern verrät, dass es bei seinem Tod ungefähr 25 Jahre alt war.

100 Die teuerste Suite

40.000 Dollar für eine Nacht

Wie schläft es sich wohl in einem Hotelzimmer, das 40.000 Dollar pro Nacht kostet? Wer das nötige Kleingeld hat, kann das in Dubai ausprobieren. Aber nicht etwa im segelförmigen Burj Al Arab, sondern auf Palm Jumeirah. Am Scheitelpunkt der sichelförmigen Insel, welche die Palme umgibt, steht das riesige hummerfarbene Hotel Atlantis, in dem sich alles um die sagenumwobene versunkene Stadt dreht. Hier gibt es mehr als 1.500 Zimmer und 65.000 Fische. Dazu 17 Restaurants, zwei Dutzend Geschäfte, Fitness- und Nachtclub sowie spektakuläre Unterwassersuiten. Eine Sensation jagt die nächste: im labyrinthartigen Lost Chambers mit seinen 21 Aquarien, dem Aquaventure Park (siehe Ort 82) oder dem angeschlossenen Delphinarium.

Dass ganz oben auf der Brücke zwischen beiden Türmen eine der weltweit teuersten Suiten liegt, ahnt kaum jemand. 40.000 Dollar werden dafür aufgerufen, pro Nacht! Dafür bekäme man auch ein solides Auto, zum Beispiel das T-Modell der Mercedes C-Klasse. Aber da muss man Prioritäten setzen. Wie Kim Kardashian, die im Jahr 2014 dort logierte und schwer begeistert war. Allerdings kostete die Übernachtung damals auch noch 10.000 Dollar weniger.

Wer das stolze Sümmchen investiert, darf in der Royal Bridge Suite vor allem zwei Dinge erwarten: Platz und Luxus. Auf fast 1.000 Quadratmetern sind drei Schlaf- und vier Badezimmer, Esszimmer, Büro, zwei Lounges und drei Balkons verteilt, die über einen Privateingang samt eigenem Fahrstuhl erreicht werden. Zum Standard gehören auch Flüssigseife mit 14 Karat Gold, Koch, Butler und ein Massageraum sowie eine grandiose Aussicht aufs Meer, die Palme und Dubais Skyline.

Allen, die ihr Geld doch lieber anders anlegen, bleibt nur der Blick von außen. Am besten ist er vom ersten Waggon der autonom fahrenden Monorail, die die Gäste vom Terminal über den vier Kilometer langen Palmenstamm (trunk) zum Halbmond (crescent) bringt.

Adresse Atlantis, The Palm, Crescent Rd | **ÖPNV** Metro (rot) bis Damac Station, dann Tram bis Palm Jumeirah, dort startet die Palm Monorail | **Öffnungszeiten** Fahrzeiten Monorail täglich 9–22 Uhr | **Tipp** In direkter Nachbarschaft des Atlantis The Palm eröffnet in Kürze das Royal Atlantis Dubai. Es besteht aus einem Luxusresort mit 800 Zimmern, 230 Eigentumswohnungen, Restaurants, Bars, Spa und einem 900 Meter langen Infinity-Pool auf dem Dach.

101__Das Trèsind

Wo es raucht, poppt, pufft und himmlisch schmeckt

»Très« bedeutet auf Französisch »sehr«, »ind« steht für »indisch«. Dass es in diesem Restaurant aber keineswegs simples Butter Chicken oder Biryani gibt, deutet sich schon beim Aperitif an der Bar an. Die Cocktails kommen in extravaganten Gläsern, unter Glasglocken oder kreativen Gefäßen, wie einer zarten Vogeltränke aus Porzellan. Dank der Zugabe von flüssigem Stickstoff sind sie in dicken weißen Nebel getaucht und sorgen für ordentlich Drama zum Einstieg. Die blau bespannten Wände des Gastraumes machen diesen zu einer imposanten Bühne. Und weil die Speisen live am Tisch zubereitet werden, gibt es ständig und an vielen Stellen etwas Spannendes zu sehen. Das Mineralwasser kommt im Champagnerkühler, aus dem dichte Rauchschwaden über den gesamten Tisch wabern und Geschirr, Besteck sowie Gläser in ein mystisches Ambiente hüllen. Nach dem Gruß aus der Küche wird ein Wagen mit einem großen, pergamentbedeckten Tablett an den Tisch gerollt. Auf diesem bereitet der Kellner den »Modernist Chaat Trolley« zu. Oder besser, er malt, tupft, modelliert, klopft und streicht ihn wie ein informelles Gemälde. Auch hierbei raucht, kracht und pufft es ordentlich. An anderen Tischen spielen sich ähnlich beeindruckende Spektakel mit verschiedenen Gerichten ab, die alle moderne Interpretationen indischer Klassiker sind. Das Birbal ki Khichdi, traditionell ein Brei aus Reis, Linsen und weiteren Hülsenfrüchten, wird live mit 44 Gewürzen, Kräutern, Blüten und Früchten veredelt und dadurch zu einem wahren Gedicht. Hinter dem Ghewar, Angoori Rasmalai and Raspberry verbirgt sich ein cremegefülltes Tartelett. Es ist mit einer Schnecke aus zartem Himbeersorbet überzogen, auf das Blätter einer auf minus 196 Grad gefrorenen Rose regnen. Alle Speisen werden wie Kunstwerke präsentiert und sind auch wirklich welche. Dass sie obendrein sensationell schmecken, ist dabei fast ein angenehmer Nebeneffekt.

Adresse Nassima Royal Hotel, Level 2, Sheikh Zayed Rd | **ÖPNV** Metro (rot) bis World Trade Centre | **Öffnungszeiten** täglich 12–15.30 und 19–23.30 Uhr, Do–Sa sind am besten besucht, eine Reservierung unter Tel. +971 43080440 ist empfehlenswert | **Tipp** Das Trèsind hat einen flippigen Ableger, das Carnival by Trèsind. Auch das lohnt sich unbedingt (Burj Daman, 312 Al Sa'ada St, Metro (rot) Financial Centre).

102__Die Twisted Bridge

Ein ganz schön überdrehter Übergang

Sie ist mit Abstand die schönste Brücke Dubais und zum Glück allein den Fußgängern vorbehalten. So kann man ihre futuristische Konstruktion ganz in Ruhe anschauen, bewundern und genießen. Schimmernde Alurahmen winden sich kaleidoskopartig um eine 170 Meter lange Konstruktion. Dadurch wirkt die Überführung wie eine zweifach verschraubte Helix. Die schlichten, aber zugleich modernen Metallelemente schützen die Passanten vor Hitze und Wind, gewähren ihnen aber auch spannende Ausblicke aufs Wasser.

Eigentlich ist das Ganze eine gewaltige optische Illusion. Denn der Weg im Inneren ist natürlich perfekt waagerecht und sein mit Holzplanken bedeckter Boden schnurgerade. Ein cleverer Trick inszeniert die beeindruckende Wirkung: Die quadratischen Rahmen wurden in einem Abstand von einem Meter über die Röhre gezogen und jeweils um ein Grad gedreht. Das filigran wirkende Konstrukt ist in Wirklichkeit auch gar nicht so zart, wie es scheint, sondern hat dreieinhalb Meter Durchmesser und wiegt nahezu 1.400 Tonnen. Nicht zuletzt beeindruckt die Geschwindigkeit, mit der die Brücke errichtet wurde. Sie entstand kurz vor der Flutung des Ende 2016 fertiggestellten, letzten Kanalstückes. Innerhalb eines einzigen Monats poppten an beiden Uferseiten je eine Konstruktion aus Edelstahl und ein Fahrstuhl auf. Währenddessen wurde die verschraubte Konstruktion zusammengebaut und auf einer temporären Brücke postiert. Ein Lastkahn brachte sie schließlich zu ihrer endgültigen Position. Achteinhalb Meter über der Wasseroberfläche gespannt, bietet sie selbst großen Booten samt Aufbauten genug Platz, um unter ihr hindurchzufahren.

Das Prinzip der »verdrehten« Brücke ist zwar nicht neu. Ähnliche Konstrukte wurden schon zuvor unter anderem in Vlaardingen (Niederlande), in London und Singapur gebaut. Doch die Twisted Bridge ist die längste, verschraubteste und raffinierteste.

Adresse Water Canal Foot Bridge 3, Dubai Water Canal zwischen Al Wasl Rd und Jumeirah St, GPS-Koordinaten 25°11'36.7"N 55°14'29.2"E | **ÖPNV** Metro (rot) bis Business Bay Station, dann Taxi oder ein halbstündiger Spaziergang am Kanal | **Tipp** Nur wenige hundert Meter entfernt führt die s-förmige Bridge of Tolerance über den Kanal, die ebenfalls ein tolles Fotomotiv ist – vor allem, wenn ihr 48 Meter hoher Bogen mit seinen Kabeln nachts dramatisch angestrahlt wird. Sie ist die erste Brücke in der Autostadt Dubai, die (neben Fußgängern) für Radfahrer angelegt wurde (zwischen Al Wasl Rd und Sheikh Zayed Rd).

103 Der Union-Fahnenmast

Geburtsort der Vereinigten Arabischen Emirate

Die Vereinigten Arabischen Emirate (VAE) bestehen aus sieben autarken Emiraten mit jeweils eigenen Gesetzen, einer lokalen Regierung und einem eigenen Herrscher. Doch nach außen ist die Föderation ein einziger Staat mit einer gemeinsamen Außenpolitik. Bis Ende der 1960er Jahre hatte die südliche Küste des Persischen Golfes unter britischem Protektorat gestanden. Anfang 1968 gab Großbritannien jedoch überraschend bekannt, sich nach einer dreijährigen Übergangsfrist aus der Region zurückzuziehen. Umgehend initiierten die damaligen Herrscher von Abu Dhabi (Zayed bin Sultan Al Nahyan) und Dubai (Rashid bin Saeed Al Maktoum) die Gründung eines Staatenbundes. Abu Dhabi, Dubai, Sharjah, Ajman, Fujairah und Umm Al Quwain fanden sich in einer kleinen Föderation zusammen. Am 2. Dezember 1971 hissten sie bei den offiziellen Gründungsfeierlichkeiten zum ersten Mal die Fahne des neuen Staates. Ras Al Khaimah schloss sich Anfang 1972 an.

Genau dort, wo damals der Zusammenschluss besiegelt wurde, weht heute an einem hohen Mast die VAE-Fahne mit ihren symbolhaften Farben. Ihr Rot ist in allen Einzelflaggen der Emirate vorhanden und steht für die Scherifen von Mekka, die Nachkommen des Propheten Mohammed. Grün symbolisiert die Fruchtbarkeit des Landes, Weiß die Neutralität und Schwarz das Erdöl, dem die VAE ihren Wohlstand verdanken.

Direkt nebenan wurde das architektonisch spektakuläre Etihad-Museum gebaut. Sein geschwungenes Dach, schräge Fensterfassaden und die eigenwillige Form lassen nur erahnen, welche Raffinessen und außergewöhnlichen Blickachsen sich im Inneren verbergen. Dabei ist der Pavillon nur der Eingang. Die eigentliche Ausstellung befindet sich auf einer viermal so großen Fläche im Untergeschoss. Sie zeigt, wie das Leben in den Vereinigten Arabischen Emiraten vor 1971 aussah, wie sich die Gründung der Föderation gestaltete und wie sich das Land seither entwickelt hat.

Adresse 1 Jumeirah St/2nd of December St, Jumeirah 1, GPS-Koordinaten 25°14'28.7"N 55°16'04.5"E | ÖPNV Metro (rot) bis Al Jafiliya oder World Trade Centre, dann Fußweg über die 2nd of December St oder Taxi | Öffnungszeiten Etihad-Museum täglich 10–20 Uhr | Tipp Im Seven Sands Café auf der 3. Etage des Etihad-Museums gibt es hervorragenden Kaffee, dazu emiratische Backwaren und Süßigkeiten, Wraps und Sandwiches.

104__ Die Wasserfall-Brücke

Trocken durch den Strom

Gewaltiges Rauschen, stürzende Fluten und beeindruckender Larm. Wer einem Wasserfall nahe kommt, hält unwillkürlich den Atem an und staunt über die unbändige Kraft der Natur. Doch was, wenn dieses Spektakel nicht in einem Gebirge oder auf einer Insel stattfindet, sondern in der Stadt? Die obendrein eigentlich mitten in der Wüste liegt. Und wenn dieser Wasserfall nicht aus einem natürlichen Flussbett, sondern von einer massiven Stahlbeton-Brücke hinabstürzt?

Von der Brücke der Sheikh Zayed Road, die den neuen Dubai Water Canal überquert, donnern pro Stunde sagenhafte 10.000 Kubikmeter Wasser in die Tiefe. Auf einer Länge von fast 100 Metern rauscht es von beiden Seiten der Überführung nahezu senkrecht nach unten. Ganze zehn Meter. Was tagsüber bereits sehr beeindruckend aussieht, steigert seine Wirkung nach Sonnenuntergang noch einmal deutlich. Dann wird das Schauspiel in markanten Farben angestrahlt. Sobald sich ein Schiff der Brücke nähert und im Begriff ist, den Wasservorhang zu passieren, ändert sich dessen Farbe. Dann versiegt der Strom, das Boot fährt hindurch, ohne einen einzigen Tropfen abzubekommen, und wenn es einen gewissen Abstand erreicht hat, strömen die Fluten weiter.

Diese beeindruckende Performance ist ausgeklügelter Technik zu verdanken. In den Kanalboden wurden 80 Pumpen eingelassen, die unermüdlich Wasser in die Höhe leiten. Beidseits der Brücke sind Düsen angebracht, über die es wieder ausgestoßen wird. 300 Projektoren sorgen dafür, dass die Brücke in allen denkbaren Farbkombinationen angestrahlt werden kann. Sensoren registrieren, wenn sich Fahrzeuge nähern, und leiten Signale an die Wasserdüsen weiter. Diese verschließen sich auf dem betreffenden Teilstück automatisch, bis ein weiterer Sensor signalisiert, dass das Boot trocken auf der anderen Seite angekommen ist. Anders als ein natürlicher Wasserfall legt dieser ab 22 Uhr eine nächtliche Ruhepause ein. Morgens ab 8 Uhr sprudelt er weiter.

Adresse 260 Sheikh Zayed Rd | **ÖPNV** Metro (rot) bis Business Bay | **Tipp** Wer am Kanal bis zur nächsten großen Hauptstraße (Al Wasl Road) spaziert und rechts in diese abbiegt, kann dort einen der besten Burger-Läden in Dubai besuchen. Dort gibt es auch vegetarische Varianten und Salate (She Burger, Dar Wasl Mall, Al Wasl Rd, täglich 11–24 Uhr geöffnet).

105 __ Der Waterfront Fish Market

Vom Boot in den Markt auf den Grill

In den vergangenen 50 Jahren hat sich Dubai dramatisch gewandelt. Der Fischfang ist aber bis heute ein wichtiger Teil des Lebens. Lange Jahre war es auch der Deira Fish Market. 2017 eröffnete der neue, moderne Waterfront Fish Market. Hier herrschen optimale Voraussetzungen: Der Fang kann direkt von Dhows abgeladen und ins Gebäude transportiert werden. Die hygienischen Bedingungen sind optimal, und das Angebot ist geradezu überwältigend. Auf den ersten Blick wirkt das flache Gebäude wie ein modernes Einkaufszentrum. In langen Gängen mit Aircondition und polierten Fliesen reihen sich Geschäfte mit Kleidung, Smartphones, Cafés und eine Apotheke. Eine große Halle bietet Obst und Gemüse an, es gibt Datteln und einen Bereich für Fleisch und Geflügel. In Kürze soll sogar ein Hypermarkt auf dem Gelände eröffnen.

Jeden Tag, kurz nach Mitternacht, kommen die Fischer und bringen ihre Ware. Während an den Ständen alles geschickt auf Eis drapiert wird, warten, prüfen und verhandeln schon viele Köche. Mit routiniertem Blick checken sie das Angebot und scheinen nicht verwundert zu sein, welche immense Artenvielfalt an Fischen und Krustentieren hier ausgebreitet ist. Für Touristen kann der Besuch zur Herausforderung werden. Die meist indischstämmigen Händler rufen, winken heran, preisen ihre Waren. Sie sind sehr freundlich, sehr gewinnend und sehr clever. Was gekauft wird, kann in der Cleaning Area küchenfertig vorbereitet werden. Doch selbst wenn man beteuert, in Dubai keine Kochmöglichkeit zu haben, bieten sie charmant die Stände außerhalb der Halle an, an denen alles sofort zubereitet und gegessen wird. Frischer und besser geht es nicht. Den Preis sollte man allerdings gut verhandeln – auch wenn der Händler mit ernstem Gesicht versichert, einem schon ein Top-Angebot gemacht zu haben und nun wirklich nichts mehr an dem Geschäft zu verdienen.

Adresse Al Khaleej Rd (D92)/Abu Hail Rd (D91) | **ÖPNV** Metro (grün) bis Palm Deira, dann Taxi oder Fußweg von einer guten halben Stunde | **Öffnungszeiten** Markt: rund um die Uhr; Restaurant: Sa–Do 10–22 Uhr, Fr 10–24 Uhr | **Tipp** Direkt vor dem Eingang zur Fischhalle gibt es »The World's smallest café«. An diesem Ministand werden die Bohnen für jedes Getränk ganz frisch mit einer kleinen Handmühle gemahlen, sodass Kaffee oder Espresso den jeweils perfekten Mahlgrad haben.

106 — Der weltgrößte Ring

Mehr ist mehr im größten Gold Souk

Deira ist bekannt für seine unzähligen Schmuckgeschäfte. An jeder Ecke glitzert und funkelt es. Und lange kamen viele Touristen hauptsächlich deshalb nach Dubai, weil man hier günstig gute Preziosen kaufen konnte. Der Gold Souk übertrifft auch heute noch alles; beim Betreten des überdachten Marktes ist man regelrecht erschlagen von der Fülle der Läden und Angebote. Auf mehreren netzartig angelegten Straßen bieten mehr als 380 Händler Ringe, Ketten, Armreifen, Ohrschmuck und ganze Umhänge aus Gold an – sogar für kleine Kinder. Schätzungen besagen, dass zu jeder Tages- und Nachtzeit mindestens zehn Tonnen Gold im Markt verfügbar sind. Überall wird geworben, engagiert gefeilscht und gekauft. Der Preis richtet sich nicht nach dem Aussehen der Schmuckstücke, sondern nach dem Gewicht – und natürlich nach dem eigenen Verhandlungsgeschick.

In einem Schaufenster liegt ein enormer Ring. Die meisten vorbeischlendernden Touristen nehmen ihn kaum wahr oder glauben, dass es sich bei diesem riesigen Schmuckstück um eine unechte Dekoration handelt. Doch der Najmat Taiba (oder Stern von Taiba) ist echt! Er hat einen Wert von mehr als drei Millionen Dollar, besteht aus 21-karätigem Gold und hält, wie könnte es in Dubai anders sein, einen Weltrekord. Mit seinen 2,20 Meter Umfang, einem Innendurchmesser von 49 Zentimetern, einer Rückenbreite von einem halben Meter und 64 Kilogramm Gesamtgewicht ist er der größte Ring, der jemals hergestellt wurde. Allein die 615 Swarovski-Steine, mit denen er besetzt ist, bringen mehr als fünf Kilo auf die Waage. Als der Gigant im Jahr 2000 in Auftrag gegeben wurde, waren 55 Menschen ganze 45 Tage bis zu seiner Fertigstellung beschäftigt. Trotzdem hat sich die Investition von einer guten halben Million Dollar für seinen Besitzer mehr als gelohnt. Damals wurde eine Unze Gold mit günstigen 250 Dollar gehandelt, heute ist es mehr als das Fünffache.

Adresse Gold Souk, Old Baladiya St, Entrance 1, GPS-Koordinaten 25°16'10.0"N
55°17'49.0"E | **ÖPNV** Metro (grün) bis Al Ras, dann circa zehn Minuten Fußweg |
Öffnungszeiten Sa–Do 10 – 22, Fr 16 – 22 Uhr, einige Läden schließen über die Mittags-
zeit | **Tipp** Der Gold and Diamond Park mit seinen rund 90 Geschäften bietet ebenfalls
tollen Schmuck und ist weniger überlaufen. Dies ist kein traditioneller Souk, sondern eine
Art Schmuck-Kaufhaus mit vielen Einzelgeschäften, dennoch lohnt das Handeln auch hier,
direkt gegenüber der Station First Abu Dhabi Bank Metro (rote Linie).

107_ Der Windverwirrer

Die clevere Form des welthöchsten Wolkenkratzers

Der 828 Meter hohe Burj Khalifa ist der Ferrari oder Lamborghini der Ingenieurskunst. Inzwischen gibt es zwar starke Konkurrenz: Der Kingdom Tower in Dschidda (Saudi-Arabien) und der Creek Tower (nur wenige Kilometer entfernt in Dubai) sollen ihn bald überragen. Aber noch immer beeindrucken die klugen Lösungen der Architekten, Ingenieure und Konstrukteure. Diese bewältigten die gewaltige Herausforderung, einen so großen Turm auf Wüstensand zu errichten. Der Burj Khalifa mit seinem Gewicht von mehr als einer halben Million Tonnen ruht auf 192 Pfählen, die 50 Meter tief in den Boden getrieben wurden. Eine andere Idee ermöglichte, sehr schnell extrem hoch zu bauen: Spezialbeton wurde in einer Schalung gegossen und nach einer Trockenzeit von zwölf Stunden automatisch nach oben geschoben. Auf diese Weise entstand jeden dritten Tag ein neues Stockwerk.

Je höher ein Wolkenkratzer sein soll, desto größer wird normalerweise die Grundfläche. Schließlich muss sie die immense Last tragen. Das bedeutet: In vielen Bereichen im Inneren gibt es kein Tageslicht. Doch gerade aus so hohen Gebäuden will man die Aussicht genießen. Auch hier hatten die Architekten eine geniale Idee: Der Kern des Burj Khalifa ist ein Sechseck. Es wird in drei Richtungen von Flügeln gestützt. Diese Y-Form ist superstabil und sorgt für ein lichtdurchflutetes Inneres.

Die größte Gefahr bei einem so hohen Wolkenkratzer ist interessanterweise nicht das Eigengewicht, sondern der Wind. Der Burj Khalifa muss Windgeschwindigkeiten von bis zu 240 Kilometern pro Stunde standhalten. Um zu verhindern, dass das Gebäude schwankt und die Menschen im Inneren seekrank werden, wurde der Turm exakt nach dem Wind ausgerichtet. Die Oberfläche des aerodynamischen Baukörpers hat viele abgerundete Flächen. Sie wurde an vielen Stellen unterbrochen oder etwas gedreht. Das Ergebnis ist ein unglaublich stabiles Gebäude.

Adresse Burj Khalifa, 1 Sheikh Mohammed bin Rashid Blvd/Al Sa'ada St | **ÖPNV** Metro (rote Linie) bis Dubai Mall/Burj Khalifa, bitte planen Sie 20 Minuten Fußweg bis zum See ein | **Tipp** Die meisten Besucher betrachten den Burj Khalifa nur von der Dubai Mall oder vom Burj Lake aus. Es lohnt sich aber auch, den Giganten zu umrunden. Dabei kommt man auf einen treppenartig angelegten Weg mit vertikalen Gärten und ein fließendes Gewässer samt Wehr. Hier ist man nur ein paar Meter entfernt vom Trubel und doch ganz weit weg.

108_ Der Wonder Bus

Mit Vollgas in den Creek

Es gibt viele Arten, Dubai kennenzulernen. In den historischen Stadtteilen kann man gut zu Fuß gehen. Auch am Strand von Jumeirah, an der Marina, am Creek und im Gebiet rund um den Burj Khalifa macht es Spaß zu schlendern. Viele Gegenden lassen sich jedoch bequemer per Taxi, Mietwagen oder den Öffentlichen erreichen. Ohnehin ist die Stadt eher für Autos ausgelegt. Was nicht zuletzt daran liegt, dass sich in der Hitze der Sommermonate kaum jemand zu Fuß fortbewegen mag. Wer schnell die Highlights entdecken möchte, setzt deshalb oft auf Stadtrundfahrt-Busse. Mehrere Anbieter, wie Big Bus Tours und City Sightseeing, decken auf verschiedenen Linien das gesamte Stadtgebiet ab. Bei einer Bootsfahrt mit einer Dhow erlebt man die Stadt vom Wasser aus. So wirkt die Metropole ruhiger, gemütlicher. Fehlt eigentlich nur die eierlegende Wollmilchsau: ein Paket, das alles hat und abdeckt, Land und Wasser, schnell, bequem und unterhaltsam.

Am BurJuman Centre startet neben »normalen« Stadtrundfahren auch der Wonder Bus. Diese Busse sind gelb oder pink und wirken nicht ungewöhnlich. Nur das Einsteigen über eine Metall-Leiter verrät, dass hier etwas anders ist. Die Tour dauert eine Stunde. Zunächst fährt man Richtung New Gold Souk und Port Rashid, wird währenddessen mit Informationen und kleinen Anekdoten versorgt. Plötzlich rollt der Wonder Bus geradewegs auf den Creek zu und gibt Gas. Auch wenn man weiß, dass man in einem Amphibienfahrzeug sitzt, steigt der Adrenalinspiegel in diesem Moment beeindruckend. Der Bus klatscht ins Wasser, schwimmt sicher und nimmt rasant Fahrt auf. Mit Karacho geht's vorbei am Heritage Village, dem Sheikh Saeed Al Maktoum House, dem Diving Village und an der Abra Station. Man passiert den Gold Souk, den Gewürzmarkt und die Al-Ahmadiya-Schule. Dann rollt das Gefährt wieder auf die Straße, als sei es das Normalste der Welt, und kehrt zum BurJuman Centre zurück.

Adresse Haupteingang des BurJuman Centre, 56 Sheikh Khalifa Bin Zayed St | **ÖPNV**
Metro BurJuman (rote und grüne Linie) | **Öffnungszeiten** Fahrzeiten: 11 und 15 Uhr |
Tipp Gegenüber vom BurJuman Centre, auf der anderen Straßenseite, beginnt das kleine
Viertel Al Karama, das auch »Fake City« genannt wird. Dort gibt es viele Geschäfte, die
Imitationen von Markenartikeln anbieten.

109 Der Wüstenradweg
Mission Possible – 85 Kilometer Piste

Radfahren in Dubai? Dort, wo das Thermometer im Sommer schon morgens um 9 Uhr mehr als 35 Grad anzeigt? Im Schatten wohlgemerkt. Dort, wo außer Touristen kaum jemand spazieren geht? Und man das klimatisierte Auto nicht mal zum Einkaufen verlässt? – Ja! Das geht, und noch dazu auf einer der ungewöhnlichsten Bike-Strecken der Welt. Die Radsportbegeisterung eines Scheichs macht es möglich.

Im Südosten vor den Toren der Stadt verläuft der Al Qudra Cycling Track. Der gesamte Radweg ist asphaltiert, in sehr gutem Zustand und wird sogar regelmäßig von Sand befreit. Im Winterhalbjahr lässt sich die Strecke den ganzen Tag über gut befahren. Im Sommer ist ein Start vor dem Morgengrauen empfehlenswert. Dann fühlt sich die Hitze noch erträglich an. Außerdem sind Sonnenaufgänge mitten in der Wüste unbeschreiblich schön. Man fährt Richtung Südosten über die Al Qudra Road bis zu deren Ende. Dort gibt es einen großen Parkplatz, Toiletten, einen Shop und einen Radverleih. Viele, die es erst einmal vorsichtig angehen lassen wollen, fahren den »Stick«. Das ist eine 17,5 Kilometer lange, ganz flache Strecke, die parallel zur Straße verläuft. Nach Lust und Laune radelt man dann wieder zurück oder hängt noch den »Lollipop« an, eine 50 Kilometer lange Schleife. Diese führt tiefer in die Wüste hinein, ist ebenfalls überwiegend flach und ein ganz besonderes Erlebnis. Bis auf gelegentlich vorbeikommende Biker und ein paar Vögel, Oryx-Antilopen oder Kamele ist man hier allein. Das hat großen Charme. Allerdings kann man natürlich nicht mal eben schnell ein gekühltes Wasser und einen Snack kaufen oder das Smartphone laden. Da der Körper durch die extremen Temperaturen schnell Energie verliert, ist es wichtig, genug Vorräte dabeizuhaben, vor allem Wasser. Und: Wer tagsüber losfährt, sollte die Zeit des Sonnenuntergangs beachten. Denn es ist nicht jedermanns Sache, im Dunkeln in der Wüste zu radeln.

Adresse Trek Bicycle Store an der Al Qudra Rd, Fahrräder entweder hier ausleihen (rechtzeitig unter trekbikes.ae reservieren) oder in einem Bike Shop in Dubai, GPS-Koordinaten 24°50'59.2"N 55°20'44.4"E | **Anfahrt** über die Al Qudra Rd (D63) bis zu deren Endpunkt fahren, dort ist ein großer Parkplatz | **Tipp** Ganz in der Nähe gibt es zwei künstlich geschaffene Seen in Herzform, die Love Lakes. Vom Parkplatz am Ende der Al Qudra Road die Straße Richtung Jebel Ali nehmen. Nach gut zehn Kilometern rechts in Richtung Love Lakes abbiegen, das ist ausgeschildert (GPS-Koordinaten 24°49'52.7"N 55°15'20.5"E).

110__ Die XLine

Rasanter Nervenkitzel für Adrenalinjunkies

Diese Zipline ist definitiv nichts für Menschen mit Höhenangst, für alle anderen aber ein spektakulärer Nervenkitzel. Zwei parallele Stahlseile sind von einem Wolkenkratzer quer über die Dubai Marina gespannt. Dort können sich Abenteuerlustige hinunterstürzen und Richtung Hafenbecken brettern. Die Strecke ist fast einen Kilometer lang.

Auf dem Dach eines der Amwaj Towers geht es los: Check-in, Sicherheits-Einweisung und erst mal die Waage. Wer zwischen 50 und 100 Kilo wiegt und gesundheitlich fit ist, darf fliegen. Ganz wichtig: Taschen ausleeren, damit unterwegs nichts aus 170 Meter Höhe runterkracht. Dann Helm aufsetzen und bäuchlings in einen Hängeschlitten legen. Wohl die meisten fragen sich in diesem Moment, wie sicher die Anlage ist und ob es nicht schlauer wäre, einen Rückzieher zu machen. Aber bis auf wenige Ausnahmen überwinden die, die bis hier gekommen sind, ihre Angst, geben sich einen Ruck und starten. Von 0 auf 60 Stundenkilometer in zweieinhalb Sekunden. Durch den steilen Winkel werden sie später sogar 80 Kilometer pro Stunde schnell. Für manche darf der Adrenalin-Kick sogar noch extremer sein. Die beiden nebeneinanderliegenden Kabel erlauben nämlich auch rasante Wettfahrten. Mit Karacho geht es vorbei an ikonischen Gebäuden wie dem Princess und dem Cayan Tower. Man rast einige Meter über der Straße hinweg, dann über das glitzernde Wasser der Marina mit all den luxuriösen Yachten. Gerade wenn man sich an die Geschwindigkeit gewöhnt hat und anfängt, die Aussicht zu genießen, ist der Ride schon wieder vorbei. Nach kaum mehr als einer Minute endet er auf dem Dach der Dubai Marina Mall. Aber zum Glück zeichnet eine Helmkamera die rasante Fahrt auf, sodass man sich später noch einmal ganz in Ruhe und auf dem sicheren Boden vom eigenen Mut überzeugen kann. Insgesamt sollte man für das Abenteuer inklusive der Vorbereitungen vor Ort und der Fahrt eine gute Stunde einplanen.

Adresse Check-in: Dubai Marina Mall, Level P, Sheikh Zayed Rd, Exit 32 | **ÖPNV** Metro (rot) bis Damac Properties, dann eine Station mit der Tram | **Öffnungszeiten** So–Di und Do–Sa 9–13 Uhr, Mi geschlossen, Buchung unter www.xline.xdubai.com | **Tipp** Wenn der Magen nach dem Adrenalin-Kick Stärkung braucht, bieten die Food Trucks hinter der Dubai Marina Mall eine große Auswahl. Dort gibt es auch ein schwarzes Taxi (The Black Cab), das zur Kaffee-Bar umgebaut ist.

111 Die XXL-Scheibe

75 Zentimeter liegen zwischen Haifischbecken und Kaufhaus

Die Menschentrauben, die vor dem Aquarium in der Dubai Mall stehen und leidenschaftlich knipsen, ahnen meist nicht, was die immense Scheibe von ihnen trennt. In dem Tank, der sich vom Erdgeschoss des Einkaufszentrums bis in dessen zweiten Stock erstreckt, leben rund 33.000 Fische und Meerestiere. Die meisten Spezies sind harmlos. Zwischen ihnen tummeln sich aber auch 400 Haie und Rochen sowie 200 Piranhas, dazu jede Menge Wasserratten. Trotzdem schwimmen andere Fische völlig arglos an deren scharfen Zähnen vorbei. Denn die ach so gefährlichen Jäger sind zu faul und zu satt. Jeden Tag werden sie zu festen Zeiten an derselben Stelle üppig gefüttert und genießen das beschauliche Leben bei konstanten 24 Grad Wassertemperatur. Darauf sind sie trainiert, und es ist ihnen viel zu anstrengend, sich für einen Extra-Bissen schneller zu bewegen.

Der Tank ist mit 51 mal 20 mal elf Meter so groß wie fünf olympische Schwimmbecken. Eine 75 Zentimeter dicke Scheibe aus ultragehärtetem Acryl hält dem Druck von zehn Millionen Litern Wasser stand, Glas würde das nicht schaffen. Wegen ihrer unfassbaren Ausmaße haben es diese zehn, unsichtbar miteinander verbundenen Paneele ins Guinness-Buch der Rekorde geschafft: Die 32,8 Meter lange und 8,3 Meter hohe Scheibe ist die größte der Welt und dank ihres Materials sogar verhältnismäßig leicht. Sie wiegt »nur« rund 250 Tonnen.

Wenn die Besucherinnen und Besucher durch den 48 Meter langen Tunnel gehen, der sie zum Underwater Zoo bringt, befinden sie sich elf Meter unter der Wasseroberfläche. Hier ist die Scheibe nur 19 Zentimeter dick. Dennoch verträgt sie den auf ihr lastenden Druck hervorragend. Die Röhre besteht aus vier 270-Grad-Elementen. Diese wurden noch während des Baus auf Spezialtransportern zum Tank gefahren, präzise auf dem Boden platziert und die Scheiben durch Erhitzen und Wiederabkühlen fest verbunden.

Adresse Dubai Mall, Ground Level, Sheikh Mohammed bin Rashid Blvd, Downtown Dubai | **Öffnungszeiten** täglich 11 – 1 Uhr | **Tipp** Im Unterwasserzoo residieren australische Expats. King Croc ist gigantische fünf Meter lang. Mit einer Dreivierteltonne wiegt er so viel wie 14,5 ausgewachsene Männer. Queen Croc, die Gefährtin des gefährlichen Krokodils, weicht dem Giganten nicht von der Seite. Mit drei Metern Länge und fast 200 Kilogramm Gewicht wirkt sie fast zierlich. Beide hatten schon Silberhochzeit und schlafen nachts Kinn an Kinn (Eingang zum Underwater Zoo: Dubai Mall, Level 2).

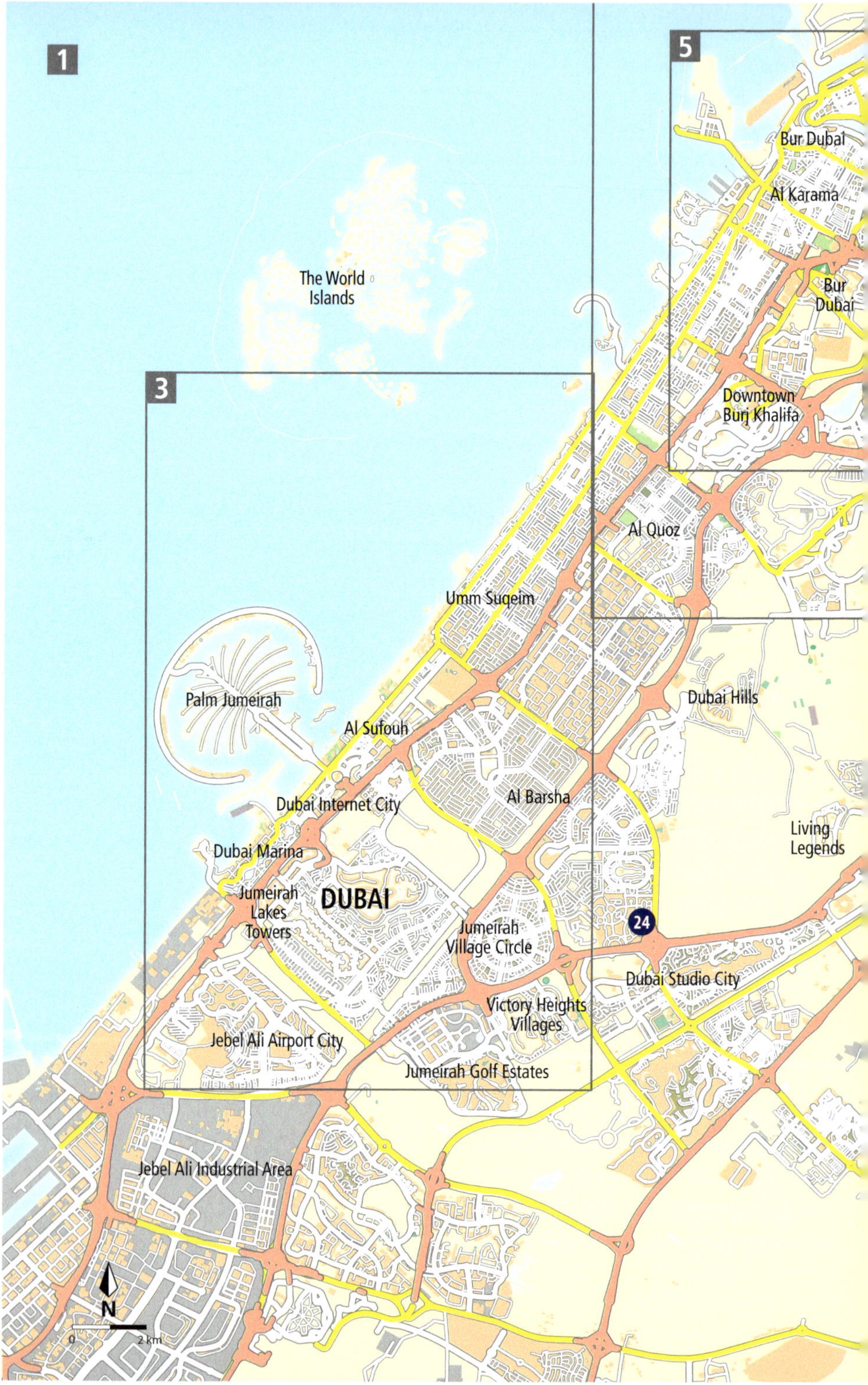

1

5

The World
Islands

Bur Dubai

Al Karama

Bur
Dubai

3

Downtown
Burj Khalifa

Al Quoz

Umm Suqeim

Palm Jumeirah

Dubai Hills

Al Sufouh

Dubai Internet City

Al Barsha

Living
Legends

Dubai Marina

DUBAI

Jumeirah
Lakes
Towers

Jumeirah
Village Circle

24

Dubai Studio City

Victory Heights
Villages

Jebel Ali Airport City

Jumeirah Golf Estates

Jebel Ali Industrial Area

N

0   2 km

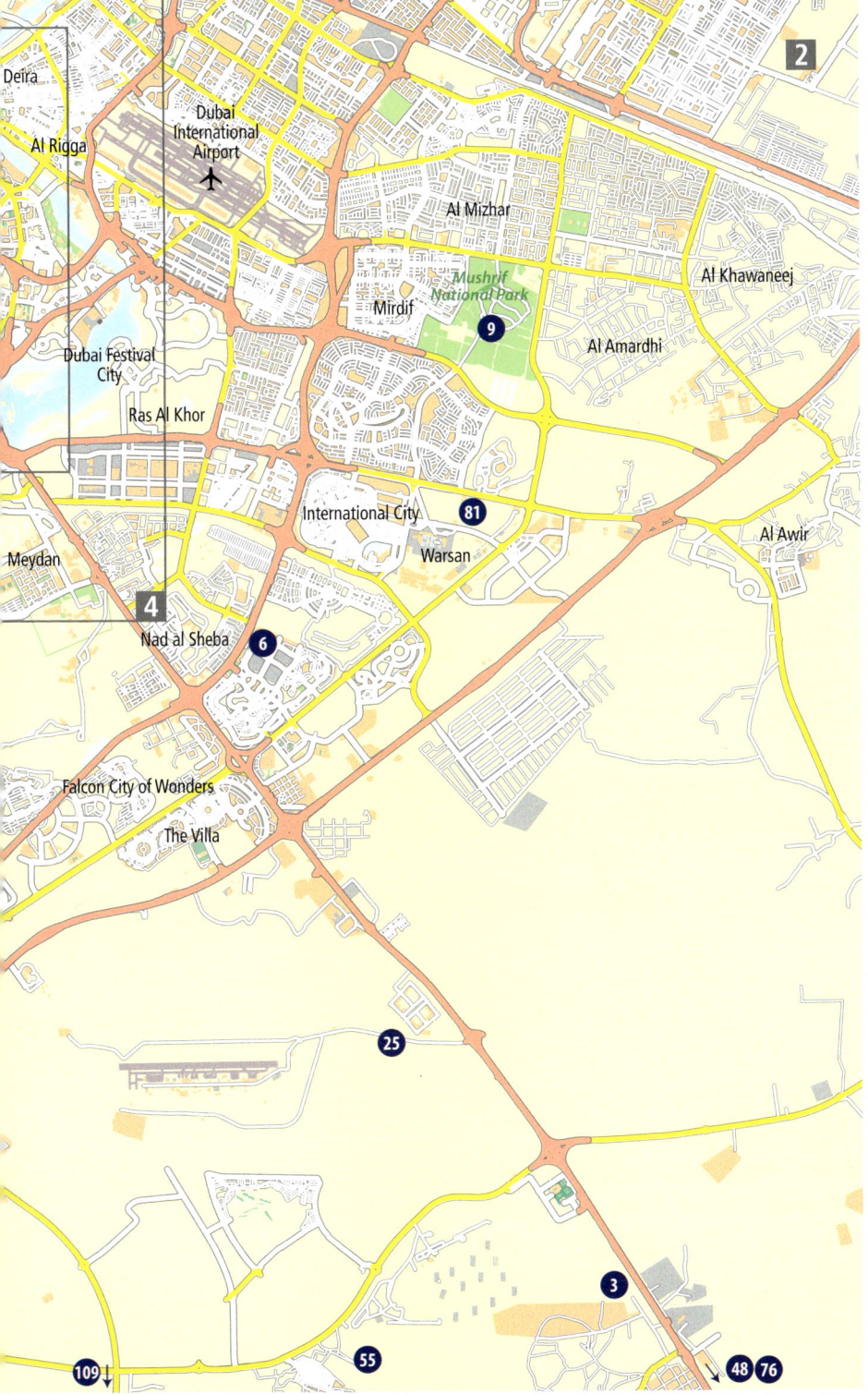

Deira

Al Rigga

Dubai International Airport

Al Mizhar

Al Khawaneej

Dubai Festival City

Mirdif

Mushrif National Park

9

Al Amardhi

Ras Al Khor

International City

81

Warsan

Al Awir

Meydan

Nad al Sheba

4

6

Falcon City of Wonders

The Villa

25

3

109

55

48 **76**

2

3

The World
Islands

91

22

86

Umm Suqeim

Al Manara

46
50

20 8
28 83

27 92

19

30 82

100

Palm Jumeirah

Al Quoz
Industrial Area 3

4

Al Sufouh

Al Barsha

Dubai
Internet
City

Barsha
Heights

34

26

Emirates
Golf Club

Dubai Marina

70

12 65

80 110

67

93

Jumeirah
Lakes
Towers

Emirates Hills

DUBAI

Jumeirah
Village
Circle

Jumeirah
Islands

37

15

The Gardens

Victory Heights
Villages

Jebel Ali Airport City

57

N

0   1 km

Jumeirah Golf Estates

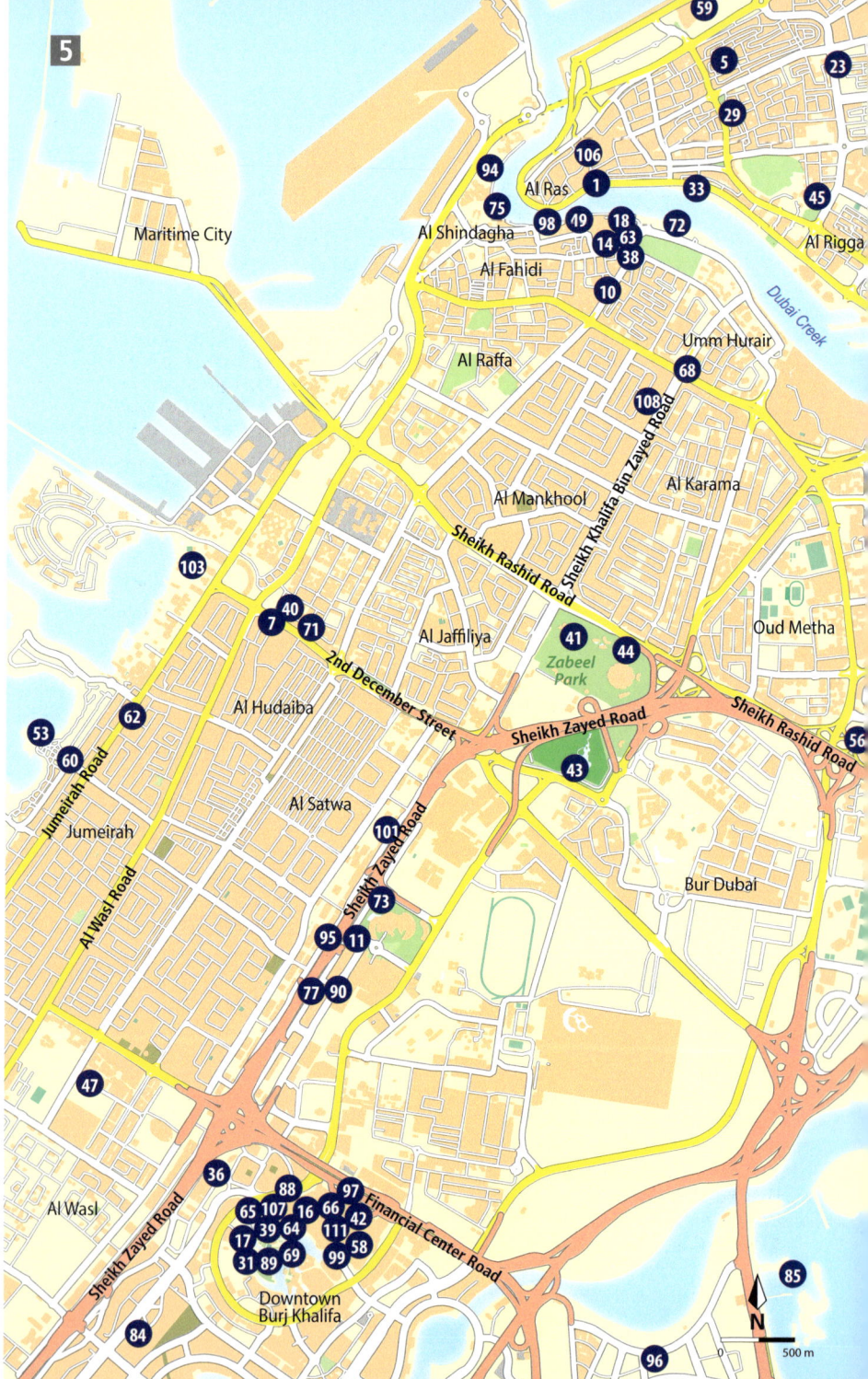

22 Tipps für einen unbeschwerten Aufenthalt

1. Adressen: Dubai ist so neu, dass noch nicht alle Straßen benannt sind. Es gibt auch keine Hausnummern. Und: Die Bezeichnungen von Stadtvierteln, Bauwerken, Parks oder Straßen ändern sich zuweilen. Man orientiert sich im Zweifelsfall an Landmarks, wie besonderen Gebäuden, Parks oder Hotels. In den Wohngebäuden gibt es keine Briefkästen. Wer Post bekommt, holt sie vom Schließfach beim Postamt ab.

2. Alkohol, Rauchen, Drogen: Der Konsum von Alkohol ist im Islam streng verboten. Nichtmuslime, die älter als 21 Jahre sind, dürfen sich in lizensierten Restaurants und Bars ein Gläschen gönnen. Aber Vorsicht: Wer außerhalb dieser Orte (auch leicht) alkoholisiert erwischt wird, muss mit einer saftigen Geldstrafe oder mit einer unfreiwilligen Verlängerung des Aufenthalts rechnen. Deshalb sollte man auch bei kurzen Wegstrecken ein Taxi rufen und auf direktem Weg ins eigene Hotel fahren. Für Autofahrer gelten ausnahmslos null Promille. Der Besitz, Konsum, Kauf oder Verkauf jeglicher Art von Drogen sowie das Positivtesten von Drogen durch die Behörden gelten als Verbrechen.

3. Angemessenes Verhalten: In Dubai wird größter Wert auf besonnenes, freundliches und tolerantes Verhalten gelegt. Fluchen, Schimpfwörter, vulgäre Sprache, aggressive oder beleidigende Gesten gelten als öffentliche Straftaten. Sie werden mit Geldbußen oder Haftstrafen belegt. Unbedingte Vorsicht ist bei Sympathiebekundungen in der Öffentlichkeit geboten. Händchenhalten bei Ehepaaren wird toleriert. Küssen oder Streicheln gelten aber als Verstoß gegen die guten Sitten. Außereheliche und gleichgeschlechtliche Liebe sind ebenso verboten wie eine Schwangerschaft, ohne verheiratet zu sein. Auch wenn die meisten Hotels unverheiratete Paare tolerieren, sollten diese darauf achten, nicht unangenehm aufzufallen. Selbst Opfer sexueller Gewalt verzichten fast immer auf eine Anzeige, weil diese zu einer Strafverfolgung wegen unehelichem Sex führen kann.

4. Besondere Ministerien: Seit 2016 gibt es in Dubai ein Glücks- und ein Toleranzministerium.

5. Begrüßung: In Dubai gibt man sich, wie in vielen anderen Ländern, zur Begrüßung die Hand – bis auf Frauen und Männer, die nicht miteinander verwandt sind. Diese berühren sich nicht.

6. Fotografieren: Das Fotografieren ist ein sensibles Thema. Fotos von Menschen, vor allem von Frauen und Familien, dürfen nicht ohne deren Zustimmung aufgenommen werden. Das Knipsen von Regierungsgebäuden und Behörden ist streng verboten. Interessanterweise ist es an zahlreichen öffentlichen Orten auch nicht gestattet, mit einer Spiegelreflexkamera zu fotografieren. Welche Stellen das sind, merkt man leider erst, wenn sich Security-Männer, die überall sehr präsent sind, bemerkbar machen.

7. Kino: Viele Filme sind in Dubai kürzer, weil intime Szenen rausgeschnitten werden.

8. Kleidung: Strandkleidung am Strand, Abendkleidung für Nachtclubs, angemessene Kleidung (nicht zu eng anliegend, bedeckte Schultern und Knie) an öffentlichen Platzen oder Shopping Malls – vor allem während des Ramadans. Nacktheit ist in jedem Teil der Stadt streng verboten. Beim Betreten von Regierungs-, Büro- und Geschäftsgebäuden wird Business oder Business Casual Dresscode erwartet.

9. Missverständliche Äußerungen: Dubais offizieller Verhaltenskodex formuliert allgemein, dass die Verbreitung falscher Nachrichten, Aussagen, Gerüchte oder bösartiger Propaganda, die die öffentliche Sicherheit stören und das öffentliche Interesse schädigen, schwere Verbrechen sind. Unter diese Regel können auch kritische oder missverständliche Äußerungen fallen.

10. Mobile Netze / WLAN: Internet und mobile Netze funktionieren überall in Dubai hervorragend. An zahlreichen öffentlichen Orten gibt es auch kostenloses WLAN.

11. Optimale Reisezeit: Das Wetter in Dubai ist durchgehend sommerlich. Die Hauptsaison fällt in den europäischen Winter. Von Oktober bis April erreichen die Temperaturen einen angenehmen Maximalwert von bis zu 30 Grad. Im Sommer sind bis 50 zu Grad normal. Dann steigt auch die Luftfeuchtigkeit auf mehr als 80 Prozent. In der Wüste wird es etwas wärmer als direkt am Meer. Trotzdem empfindet man die Temperatur dort als weniger heiß, weil die Luftfeuchtigkeit niedriger bleibt.

12. Prepaid-Karten fürs Mobiltelefon: Für alle, die in Dubai viel auf eigene Faust unterwegs sein möchten, bietet eine eigene Prepaid SIM-Karte mehr Flexibilität. Das lohnt sich schon bei wenigen Tagen Aufenthalt. Die Karten gibt es beim stattlichen Mobilfunkanbieter Etisalat (am Flughafen und in allen großen Malls).

13. Ramadan: Während des Ramadans fasten Muslime von Sonnenauf- bis Sonnenuntergang. In diesem Monat sind tagsüber das öffentliche Essen, Trinken und Rauchen verboten. Dazu zählt auch ein kurzer Schluck aus der Wasserflasche. Wer sich nicht daran hält, riskiert empfindliche Strafen. Viele Hotels und Restaurants sind auf die nichtmuslimischen Gäste eingerichtet und bieten innerhalb ihres geschlossenen Rahmens eine weitgehend normale Verpflegung an.

14. Sandstürme: Vor allem in den Sommermonaten kommt es in Dubai immer wieder zu kurzen Sandstürmen. Sie verdunkeln den Himmel innerhalb von Minuten und können die Sicht stark einschränken.

15. Sauberkeit: Dubai ist eine beeindruckend saubere Stadt. Überall wird unentwegt geputzt. Das Verunreinigen öffentlicher Orte, sei es durch weggeworfene Gegenstände, Spucken oder ausgetretene Zigarettenstummel, gilt als Straftat.

16. Sicherheit: Dubai ist eins der sichersten Länder überhaupt. Die Kriminalitätsrate tendiert gen Null. Alleinreisende Frauen können sich hier jederzeit völlig sicher fühlen. Es geht auch kaum etwas verloren und wird nichts gestohlen. Das mag an einem so belebten Ort überraschen. Aber in Dubai, wo nach wie vor die

Scharia gilt, stehen auf Raub und Gewaltverbrechen drakonische Strafen. Die Stadt wird zudem fast flächendeckend von Kameras überwacht.

17. Soziale Netzwerke: Die internationale Kommunikation ist von Dubai aus erschwert. WhatsApp, Skype, Viber & VoIP, Zoom, Messenger Call oder Facetime funktionieren dort nicht.

18. Taxis: Fahrten mit dem Taxi sind die schnellste, komfortabelste und oft auch günstigste Verbindung, um in Dubai ein Ziel zu erreichen. Während der Rushhour herrscht auf den Hauptverkehrsstraßen und besonders auf der Sheikh Zayed Road jedoch oft Stau. Dann ist man mit der Metro schneller unterwegs. Es gibt Taxis, die allein Frauen und Kindern vorbehalten sind. Sie sind an ihrem pinkfarbenen Dach und dem pinkfarbenen Kopftuch (sheila) der Fahrerin erkennbar.

19. Toiletten: Jeder öffentliche Ort, ob Mall, Metrostation, Museum, Strand oder gastronomische Einrichtung, ist mit sehr gepflegten Toiletten ausgestattet, die ständig geputzt werden.

20. Verschreibungspflichtige Medikamente: Einige Medikamente sind in den VAE verboten. Besucher sollten vor der Einreise prüfen, ob ihre Medikamente eventuell unter diese Restriktionen fallen (auf der Webseite des Auswärtigen Amtes).

21. Wochenende: Für Touristen ungewohnt ist, dass das Wochenende in Dubai am Freitag und Samstag ist. Dann bleiben alle staatlichen und öffentlichen Institutionen geschlossen. Bereits am Donnerstagabend herrscht Hochbetrieb in Restaurants, Bars und Clubs, sodass Reservierungen empfehlenswert sind. Freitags treffen sich viele Expats zum ausgiebigen Brunch, zum Shoppen, für Strand- oder Kinobesuche. Shopping Malls öffnen auch am Wochenende, viele sogar bis Mitternacht. Der Sonntag ist der erste offizielle Arbeitstag der Woche. Er entspricht unserem Montag.

22. Zu Fuß gehen: Obwohl Dubai in den vergangenen Jahren schon viel fußgängerfreundlicher geworden ist, sind viele Orte weiterhin schwer per pedes erreichbar. Der Grund: Die Stadt ist in extrem kurzer Zeit quasi aus dem Nichts gewachsen. Zunächst wurden die großen Gebäude gebaut, dann die Trassen, auf denen man sie per Auto erreicht. Häufig gibt es einfach noch keine Fußwege oder Möglichkeiten zum Überqueren der vielspurigen Straßen – vor allem wenn sie in ganz neu erbauten Stadtteilen oder weit entfernt von der Metro liegen. Doch Dubai hat die Bedürfnisse seiner Gäste erkannt. In den vergangenen Jahren entstanden bereits viele Promenaden und Viertel, die zum Flanieren einladen, viele weitere sind geplant.

Danksagung

Meinen herzlichsten Dank für die großartige Unterstützung an Pascal Klunder, für ihr erneutes Vertrauen und die kluge Weichenstellung an Sonja Erdmann vom Emons Verlag sowie für wertvolle Tipps an Ben Bawey und Oliver Pahl (Dubai Tourism), Martin van Almsick, Melanie Beck, Anja Beckert, Hans Butschalowsky, Patrick Dorais, Laura Eckrodt, Robin Houben, Werner Kletzka, Sandra & Manfred Mair, Jeremy Meier, Ramkumar Murugan, Asif Oomer, Anke-Christine Saß, Ramin Salsali, Mohamed Samir, Martin Thißen.

Annett Klingner hat Kunstgeschichte, Literatur und Mediävistik in Berlin und Rom studiert und zu einem kunsthistorischen Thema der Renaissance promoviert. Sie arbeitet als Journalistin. In »111 Orte in Rom«, »55 ½ Orte im Vatikan« und »111 Orte in Dubai, die man gesehen haben muss« ist sie besonders charmanten, versteckten und außergewöhnlichen Orten sowie deren oft ebenso faszinierenden Geschichten auf der Spur.